PANINI

Antonio Mungai • Magda Mutti

Das unverzichtbare Buch über

PANINI

nicolai

Die Autoren danken
Raimondo Santucci und dem Archiv Chimera
für die bibliographischen Quellen;
Emma Santucci für die in „Bargiornale" erschienenen Artikel
über das Essen im Film,
Franco Zingales, der uns mit seiner Leidenschaft für Bars
angesteckt und zu diesem Buch inspiriert hat, sowie den Freunden Ivano und Paola, die vorgekostet haben.

Alle Fotos von Cesare Medri, mit Ausnahme der folgenden:
Norio Andriollo 15, 22, 25a, 244; Archivio Chimera 11, 14, 16;
Manuel Del Grande 108a; Fiskars Montana 28-29; Mondadori
Press 49a (Losito), 88a (Losito), 93b (MDA); Museo Egizio,
Torino 12; Raimondo Santucci 25b.
Wir danken den Wurst- und Käseherstellern sowie dem
Dokumentationszentrum des Mondadori-Verlags für die freund-
liche Unterstützung bei den Abbildungen.

Titel der italienischen Originalausgabe:
Panini

© 1998 der italienischen Originalausgabe:
Arnoldo Mondadori Editore S.p.A., Milano

© 2000 der deutschsprachigen Ausgabe:
Nicolaische Verlagsbuchhandlung Beuermann GmbH, Berlin

Aus dem Italienischen von Daniele Dell'Agli, Berlin

Umschlaggestaltung: Dorén + Köster, Berlin

Redaktion und Satz: Wallstein Verlag, Göttingen

Druck und Bindung: Artes Graficas Toledo
Alle deutschsprachigen Rechte vorbehalten

ISBN 3-87584-811-X
D.L. TO: 4-2000

INHALT

Vorwort   7

EINLEITUNG   9
Das belegte Brötchen in der Geschichte   10
Der biblische Supermarkt   12
Belegte Brote in den Thermen   13
Im Bauch der Stadt   14
Erster Wohlstand und neue Brötchenkultur   16
Auch das Sandwich eilt der Zukunft entgegen   17
Panini – Gourmet-Brötchen aus Mailand   20
Das Panini-ABC   26
Kleine Haushaltsgeräte   26
Messer und andere Werkzeuge   28
Die Kunst des Konservierens   30
Das Brot   31

PANINI MIT WURST UND SCHINKEN   36
PANINI MIT FLEISCH   114
PANINI MIT FISCH   152
VEGETARISCHE PANINI   198

ANHANG   244
Kalorientafel   246
Hilfreiche Adressen   248

Verzeichnis der Panini   252
Verzeichnis der Zutaten   254
Literaturtips   256

Hinweis

Viele der im Folgenden vorgestellten Produkte sind mit
Qualitätsnachweisen der EU versehen.
Das Siegel d.o.p. (denominazione di origine protetta)
steht für „Geschützte Herkunftsbezeichnung" und gilt für
Lebensmittel aus der Europäischen Gemeinschaft, deren
typische Eigenschaften sich auf ein ursprüngliches
Herstellungsgebiet zurückführen lassen.
Das Siegel i.g.p. (indicazione geografica protetta) steht
für „Geschützte geographische Herkunftsangabe" und
gilt für jene Produkte, bei denen sich eine bestimmte
Eigenschaft einem Herkunftsgebiet zuordnen läßt, auch
wenn Herstellung und Veredelung woanders stattfinden.
Bei den in diesem Buch als Zutaten aufgeführten
Produkten gilt die d.o.p. für: Coppa aus Piacenza,
Culatello aus Zibello, Pancetta aus Piacenza,
Parmaschinken, San-Daniele-Schinken, Schinken aus
Venetien »Berico Euganeo«, Salami aus Brianza, Salami
aus Piacenza, Speck aus Arnad, Asiago, Caciocavallo
aus dem Silagebirge, sardischen Fiore, Fontina,
Gorgonzola, Grana Padano, Montasio, Büffelmozzarella
aus Kampanien, Parmigiano-Reggiano, sizilianischen
Pecorino, römischen Pecorino, Provolone aus
Valpadana, lombardischen Quartirolo, Robiola aus
Roccaverano, Taleggio.
Die i.g.p. gilt für: Veltliner Bresaola, Mortadella aus
Bologna, Südtiroler Speck, Pantelleria-Kapern, Radicchio
aus Treviso.

✪ Ein Stern vor dem Namen eines Produkts bedeutet,
daß es unter der Aufsicht eines Konsortiums auf den
Markt gebracht wurde, das mit einem entsprechenden
Gütezeichen dessen Originalqualität garantiert.

VORWORT

Mit diesem Buch wollen wir Ihnen viele neue Ideen und Anregungen für die Zubereitung Ihrer Panini liefern. Wir haben die Rezepte nach ihren jeweiligen Hauptzutaten unterteilt: Aufschnitt, Fleisch und Fisch. Außerdem haben wir noch eine große Anzahl vegetarischer Alternativen aufgeführt. Jedes Rezept ist so angelegt, daß es mit den Hinweisen am Rand variiert werden kann, um einerseits starre Vorgaben zu vermeiden und andererseits je nach Geschmack und gerade vorhandenen Vorräten eine größtmögliche individuelle Gestaltung zu ermöglichen. Jedem Paninityp haben wir Weine aus dem Herkunftsgebiet der jeweiligen Zutaten sowie passende Biersorten an die Seite gestellt. Ein praktisches Stichwortverzeichnis im Anhang soll Ihnen gegebenenfalls die Qual der Wahl erleichtern.

Für die Zubereitung der Brötchen genügen die in der Küche normalerweise vorhandenen Geräte, die wir in der Einleitung trotzdem noch einmal behandeln, weil nur das richtige Handwerkszeug praktisches und zeitsparendes Arbeiten garantiert. Darüber hinaus hielten wir es für angebracht, auf Verpackung, Transport und Aufbewahrung der Panini einzugehen, denn es ist wichtig, daß sie stets frisch und knusprig schmecken, so als würden sie gerade aus dem Ofen kommen.

Für gute Ideen braucht man gute Ingredienzen; darum stellen wir mit jedem Rezept eine Zutat vor, die für die italienische Gastronomie typisch ist. Sie erhalten auf diesem Wege einen kleinen, aber vollständigen Führer durch die gehobene Eßkultur Italiens. Um den Besonderheiten dieses praktischen Nahrungsmittels gerecht zu werden, haben wir bei den Panini-Rezepten fast durchweg auf Zubereitungsformen verzichtet, die aufwendige Kochvorgänge erfordern; des weiteren haben wir auf eine Reihe von Fertigprodukten zurückgegriffen – Saucen, Cremes, Pasteten, Konserven –, zu denen wir manch Nützliches über Qualitätsauswahl und alternative Verwendungsformen angemerkt haben.

Im Anhang schließlich finden Sie neben der unerläßlichen Kalorientafel wichtige Adressen zu Fragen der Produktkunde und Verbraucherinformation, die diese Einführung in eine wunderbare und vielfach unterschätzte Köstlichkeit der italienischen Küche komplettieren.

Antonio Mungai, Magda Mutti

Das belegte Brötchen in der Geschichte

In der Epoche des freien Warenverkehrs muß auch die Gastronomie mit der Zeit gehen, wofür die zunehmende Bedeutung belegter Brote und Brötchen und die schier unendliche Vielfalt ihrer Varianten ein untrügliches Zeichen ist. Die bescheidene Wegzehrung der in die Industriestädte drängenden Landbevölkerung scheint ebenso der Vergangenheit anzugehören wie das einfache Vesperbrot aus den Anfängen der Konsumgesellschaft. Heute spielt das Brötchen bei zahllosen Anlässen in und außer Haus eine gewichtige Rolle: ob morgens oder mittags, am Nachmittag oder abends, als kleiner Imbiß nach dem Kino oder Grundlage für ein Brunch, nicht zu vergessen das festliche Buffet. Das hätte der selige Lord Sandwich, Erfinder des kulinarischen Doppeldeckers, sich gewiß nicht träumen lassen.

Dabei war es gerade John Montague IV. (1718-1792), Graf von Sandwich und seines Zeichens Erster Lord der englischen Admiralität, der dem Brötchen jene gastronomische Würde verleihen sollte, die bis dahin weder dem Brot noch seinem Belag zuteil geworden waren. Es ist schon merkwürdig, daß dieser Graf seinen Namen ausgerechnet dem in der Regel zum Abendessen oder während endloser Kartenpartien – die den passionierten Spieler in arge finanzielle Bedrängnis brachten – eingenommenen Schinkenbrötchen mit Senf verliehen hat. Denn seine Qualitäten lagen auf ganz anderen Gebieten.

Er gewann Seeschlachten, kümmerte sich erfolgreich um die Ko-

LORD SANDWICH

Lord Sandwich hatte noch lange nach seinem Tod unter den Verleumdungen seiner politischen Feinde zu leiden; ein englisches Lexikon zeichnet ihn als verantwortungslosen Libertin. Für Rehabilitation sorgte erst N.M.A. Rodgers Biographie „Der unersättliche Graf", in der nachgewiesen wird, daß Sandwich ein fähiger Admiral und leidenschaftlicher Musikliebhaber war. Er lebte mit der Sängerin Martha Ray zusammen und organisierte viele Konzerte. In seiner Epoche ist er zweifellos ein Exzentriker gewesen, wovon nicht zuletzt sein Ruf als Erfinder eines damals so ungewöhnlichen Nahrungsmittels wie des belegten Brötchens zeugt.

Das Gemälde aus dem 18. Jahrhundert zeigt englische Adlige beim Picknick. Auf dem Tisch sieht man Brot und Schinken, für deren Verzehr noch Messer und Gabel zu Hilfe genommen werden. Kurz darauf wird das Brötchen des Lord Sandwich das Essen in der Natur von den Regeln der Etikette befreien.

Die Kunst der Brotherstellung bei den Ägyptern; Holzmodell aus dem Grab des Inis in Gebelein (Erste Zwischenzeit). Dargestellt werden das Kneten des Teigs, das Backen und der Transport, ebenso wie die Herstellung von Bier, dessen Rückstände als Treibmittel für den Teig verwendet wurden.

lonien in Kanada und Indien, auch wenn sich die Staaten der amerikanischen Union unter seinem Mandat für unabhängig erklärten. Heute würde sich niemand an diesen Militärstrategen erinnern – wenn es nicht das Sandwich gäbe.

DER BIBLISCHE SUPERMARKT
Das Brötchen des Lord Sandwich war so unkonventionell wie es nur ein ohne Besteck verspeistes Gericht in den Händen eines Monarchen sein konnte. Darum fand es sogleich scharenweise begeisterte Anhänger. Wir stellen es uns gern als Gourmet-Happen vor: aus Weißmehl gebackenes Brot, Wildschweinschinken und dazu einen delikaten Senf, wie ihn nur ein

Meisterkoch bei Hofe zubereiten konnte. Und doch handelte es sich um ein einfaches Mahl, ganz so wie seine Vorgänger all die Jahrhunderte zuvor, die von der offiziellen Geschichtsschreibung nirgends erwähnt werden, vielleicht weil Brot und Aufschnitt spätestens seit biblischen Zeiten immer allzu schnell den kleinen Hunger stillen mußten. Damals mochte es sich noch um Brotkanten gehandelt haben – die in eine Suppe getunkt – zu gedünsteten Kräutern oder gesalzenem Fisch, geronnener Milch oder Obst gegessen wurden – beileibe keine Feinkost also.
Dennoch wird bereits im Exodus nicht nur von Matzen, sondern auch – unter dem Einfluß der hoch-

Unten: Brotverkäufer;
römisches Basrelief aus
der Kaiserzeit.

entwickelten ägyptischen Eßkultur – von Sauerteigbroten berichtet. Wie überhaupt die Palette der Lebensmittel, von denen im Alten Testament die Rede ist, sich mit der heutiger Supermärkte durchaus messen kann: Meeres- und Süßwasserfische, Säugetier- und Vogelfleisch, Gemüse, Eier, Käse, Obst, Honig, Wein, Öl, Essig, Marinaden und Saucen aller Art.

Die meisten Speisen hatten eine rituelle Bedeutung, wurden aber auch um der Gaumenfreuden willen zubereitet. Stellvertretend sei die Sauce „tzir" erwähnt, die aus der Gärung von gepreßtem und gesalzenem, mit Zwiebeln und Kräutern gewürztem Fisch gewonnen wurde; die Römer nannten sie „garum" und sie war im Altertum sehr beliebt – ein Zeichen dafür, wie ausgeprägt der Sinn für Lebensart damals schon war.

BELEGTE BROTE IN DEN THERMEN

Die Römer waren für ihre Genußfreude und ihre Feinschmeckerei bekannt, zumindest seit der Zeit Neros, wie wir den Rezepten aus Apicius' *De re coquinaria* und aus dem *Satyricon* des Petronius entnehmen können. Beide schildern ein schwelgerisches Rom, in dem vor allem die „liberti", neureiche Ex-Sklaven, auf Banketten und in den Thermen, wo sie ihre Geschäftskontakte pflegten, praßten und schlemmten.

Über Apicius, einen Zeitgenossen Tiberius', erzählte man sich manche Anekdote. Wenn er zum Fischmarkt ging, sprengte er die Auktion, um sich die besten Exemplare zu sichern. Einmal soll er ein Schiff gemietet haben, um vor der Küste Libyens seine Lieblingsgarnelen zu fischen. Von ihm stammt auch die Idee, Gänse mit Feigen zu stopfen, damit sie eine fettigere Leber erhalten.

Die von Apicius geschilderten Festmahle bestehen aus einer Reihe von prunkvollen Gängen, deren abstruse Kreationen – von Flamingo- und Nachtigallzungen über Kamelfersen bis zu gebratenem Strauß – den Gourmet mindestens ebenso verraten wie den Spaßvogel. Nicht jeder Römer konnte sich Fischbassins leisten, aber Schinken und Würste fehlten selbst auf dem Speiseplan der weniger Begüterten nicht. Auch an Ziegen- und Schafskäse war dank der Herden im Umland von Rom kein Mangel; aus Luni kam der geräucherte „cacio", Käsebrote waren weit verbreitet und es gab überall Bäcker, die Brotsorten aller Art anboten: weiße und schwarze, gesäuerte und ungesäuerte, auch kleine Gewürzbrötchen mit Mohn, Kreuzkümmel, Fenchel, Anis – den orientalischen Aromen aus den Beutezügen des riesigen Reichs. Diesen Überfluß pflegte man in den Thermen zu verdauen – bei Massagen, kalten und warmen Bädern oder Einreibungen. In der Nähe der Bäder warteten Stände mit Käse, süßen und salzigen Fladen, Wurstaufschnitt und Wein auf. Derartige „botteghe" fanden sich praktisch überall in der Stadt, da das Leben der Römer sich von morgens bis abends außerhalb des Hauses abspielte.

Die Osterien hießen „popina" oder „thermopolia" und boten Fertiggerichte wie heute die Bars in Italien. Als besonders geschäftstüchtig erwiesen sich die Wursthändler, die ihre Lehrlinge durch die Straßen schickten, um heiße Würste mit Brot und „garum"-Sauce zu verkaufen, so wie noch heutzutage Händler auf der ganzen Welt ihre fahrenden Stände und Buden betreiben.

IM BAUCH DER STADT

Das heutige Brötchen kann mithin auf eine stolze Vergangenheit zurückblicken, in der es den umtriebigen Römern als Stärkung unterwegs diente, aber in Ansätzen auch bereits die ersten kulinarischen Verfeinerungen erfuhr. Seither ist es aus den Königshöfen des Mittelalters ebensowenig wegzudenken wie aus den Wirtshäusern der Renaissance.

Unten: das Schaufenster
eines amerikanischen
Hot-dog-Ladens.
In dem Land, in dem alles

immer noch „größer" ist, ver-
spricht bereits die Werbung
belegte Brote von kolossalen
Ausmaßen.

Namentlich Karl der Große pflegte zu allen Tageszeiten Brot und
Roquefort-Käse zu essen, dessen
wohltuende und heilende Wirkung er derart rühmte, daß man
sich leicht vorstellen kann, wie er
sein gesamtes Gefolge darauf ein-
schwor. Ausgerechnet dieser un-
gehobelte Krieger, der ständig auf
Reisen war, regte die Produktion
dieses längst auch über Frank-
reichs Grenzen hinaus überaus be-
liebten Schimmelkäses an.

Etliche Jahrhunderte später hätte
sicher auch Lord Sandwich diesen
Leckerbissen nicht verschmäht,
zumal er als Feinschmecker offen
war für neue Geschmacksnoten
und insbesondere für die allenthalben in den Großstädten neu ent-

stehenden volkstümlichen Kü-
chen, die einerseits an die länd-
lichen Gastronomien anknüpften,
die die arbeitslosen Bauern in die
Städte brachten, andererseits aber
dem veränderten Lebensrhythmus der Menschen zu Beginn der
industriellen Revolution Rech-
nung trugen.

Das ganze 19. Jahrhundert hin-
durch werden Brot und Aufschnitt
abermals – in Paris wie in London
oder Mailand – zur unerläßlichen
Wegzehrung für Hunderttausen-
de, die beim Bau von Straßen und
Gebäuden oder in den Fabriken
Schwerstarbeit verrichten.

Die Stadtzentren wimmeln nun-
mehr von Menschen, die sich um
Imbißbuden scharen und in Wirts-

häusern einkehren und deren Lebensweise Gegenstand von Studien und Erzählungen wird. Emile Zolas realistische Schilderung des „Bauches von Paris" inspiriert gleich zwei Werke über Mailand: 1888 erscheint *Il ventre di Milano* von Oleardo Bianchi und wenig später *Venter de Milan* von Camillo Cima. Im ersten macht sich der Autor Gedanken um die Versorgung der Arbeiterklasse („es gibt arme Arbeiter, die mit ihren kinderreichen Familien das ganze Jahr über von Polenta und gebratenem Kabeljau leben, andere ziehen Schwarzbrot

und Wurst- und Käsereste vor, die der Händler für sie beiseite legt"); die zweite Schrift beschäftigt sich mit dem Magen der Mailänder und schildert die Eßgewohnheiten des Kleinbürgertums, das bei Tisch keineswegs knauserig war und es sich bei Suppenfleisch und Braten, Hasenkeule und Schweinsfüßen, Seebarsch, Apfeltorte und Halbgefrorenem schmecken ließ.

ERSTER WOHLSTAND UND NEUE BRÖTCHENKULTUR

Die Küche des italienischen Kleinbürgertums ist in Pellegrino Artusis *La scienza in cucina e l'arte di mangiar bene* (Von der Wissenschaft des Kochens und der Kunst des Genießens) vortrefflich dargestellt. Hinweise auf belegte Brote oder gar auf die Erfindung von Lord Sandwich sucht man darin

gastronomischen Führer
Italiens, in dem auch bereits
einige Brötchen und Sand-
wiches aufgeführt werden.

jedoch vergeblich. Artusi beschränkt sich auf die Erwähnung
der „pagnottelle ripiene", großer
Brotscheiben, die zuerst in Milch
eingeweicht, dann gebraten und
schließlich mit einem Ragout aus
Leber und Trüffel gefüllt werden.
Sein großes Repertoire an „rifred-
di", also an kalt servierten Spezialitäten aus der warmen Küche,
liefert jedoch viele Anregungen
für Liebhaber belegter Brote, von
denen etliche – wie etwa jene mit
gebratenem Schweinsrücken,
Kalb- bzw. Hühnerfleisch in Thunfischsauce oder Ochsenzunge in
scharfer Marinade – zu Dauerbren-
nern italienischer Bars und Restaurants gehören.

Während der vornehme Bankier
Artusi sich nicht zu den Vorlieben
des gemeinen Volkes bekennen
mag und sich so die Gelegenheit
entgehen läßt, das belegte Brot in
den Rang einer eigenständigen
Speisekategorie zu heben, begreift
der ebenfalls aus Rom stammen-
de Olindo Guerrini sofort die Bedeutung der neuen Entwicklung
und veröffentlicht 1916 *L'arte di
utilizzare gli avanzi della mensa*
(Die Kunst, die Reste der Mahlzeit
zu verwerten). Guerrini war Lite-
rat und liebte es, Polemiken zu ent-
fachen, wobei er seine Schriften
mit Pseudonymen wie Lorenzo
Stecchetti oder Argia Sbolenfi un-

terzeichnete. Um seinen einstigen
Lehrer herauszufordern, machte
er sich daran, Rezepte aufzulisten
und erfindungsreich zu variieren,
wobei er auf die reichhaltige Spei-
sekammer seines Familiensitzes
zurückgreifen konnte. Ausgerechnet 1916, als infolge des Krieges
auch das Brot Mangelware wurde,
propagierte er als erster die „crostini" (kleine geröstete Brotschnitten mit Wild- und Haustierfleisch)
und belegte Brötchen („nehmen
Sie eine Füllung aus gekochten
oder gebratenen Resten vom
Huhn, dazu Pilze, eingelegtes
Gemüse, Hering- und Sardellenfi-
lets und binden Sie das Ganze mit
einer Mayonnaise"). Er wurde am
ehesten Lord Sandwich gerecht,
indem er dessen Brötchen in den
zu jener Zeit gängigen italienischen Varianten wiederaufleben
ließ: als Toastbrot mit Butter, Sardellen, Ochsenzunge, Schinken
oder Kaviar (!).

AUCH DAS SANDWICH EILT
DER ZUKUNFT ENTGEGEN

Unerwarteten Beistand erhielten
alle mit bloßen Händen zu ver-
zehrenden Speisen von der künst-
lerischen Avantgarde im Italien
der 20er Jahre, dem Futurismus.
Angeführt von Filippo Tommaso
Marinetti, der mit seinem Kult der
Geschwindigkeit und der Zukunft

bereits Theater, bildende Kunst und Poesie angesteckt hatte, wandte sich die „Bewegung" nun der gastronomischen Kunst und den Ernährungsgewohnheiten des Landes zu. Marinetti und Fillìa hatten etwas gegen jene Italiener, denen man bereits an ihren dicken Bäuchen und ihrer schlaffen Muskulatur ansah, daß sie der „Nudelfresserei", dieser „absurden gastronomischen Religion", huldigten. Das Manifest der Futuristen gegen die Nudeln ist in einigen Formulierungen seiner Zeit weit voraus. So propagiert es „die Abschaffung von Messer und Gabel zugunsten komplexer Plastiken (harmonischen Form- und Farbverbindungen, A.d.V.), die den Gaumenfreuden gewidmet sind". Und weiter: „Die Schaffung simultaner und changierender Bissen, die zehn, zwanzig Geschmacksnuancen in wenigen Augenblicken darbieten ... Ein solcher Bissen wird in der Lage sein, die Geschichte des Lebens zusammenzufassen."

Eines der seltenen Fotos von
Ray Kroc, dem eigentlichen
Regisseur der Erfolgsge-
schichte von McDonald's.

Er erkannte früh, daß die
Produktionsmethode der
Gebrüder McDonald's welt-
weit verbreitet werden konnte.

Es ist zweifellos ein ganz ursprüngliches Vergnügen, ein Brötchen mit den Händen zu essen, zumal es gewissermaßen ein instinktiver Vorgang ist. Hinzu kommt das kulturell bedingte Vergnügen, unterschiedliche Geschmacksnoten miteinander zu kombinieren; die Futuristen erinnern zu Recht daran, daß Gaumenfreuden in den Tiefen der Seele widerhallen.

Die Gruppe um Marinetti bereicherte – ob unbeabsichtigt oder nicht – das Stadtleben um zahlreiche Farben und Düfte. In den Augen der futuristischen „Bewegung" waren Brot und Belag – wie überhaupt die Imbißkultur – die ideale Ernährungsform einer der Zukunft entgegeneilenden Bevölkerung, die sich zwischen ihren Arbeitsgängen nur wenig Zeit zum Essen gönnte.

MR. HAMBURGER

Daß jeden Tag 38 Millionen Menschen bei McDonald's essen, ist das Verdienst Ray Krocs, ehemals Verkäufer und Fruchtmixer, der 1954 das enorme Potential der von den McDonald-Brüdern schon damals nach industriellen Verfahren hergestellten Hamburger erkannte. Kroc begann 1955 mit dem Franchising der Marke McDonald's, die mittlerweile in 110 Ländern vertreten ist. Mit 52 Jahren stürzte sich Kroc in das Abenteuer des Hamburger-Vertriebs, senkte seinen Lebensstandard auf ein Minimum, setzte sein bescheidenes Kapital aufs Spiel und nahm Kredite

auf. Er operierte weitsichtig und reüssierte nicht nur mit dem Glück des Tüchtigen. Auf seine Initiative geht die Gründung der Hamburger University zurück, einer Berufsschule, die jährlich 3.000 junge Nachwuchskräfte ausbildet.

Dünn geschnittene Zutaten eignen sich besonders gut als Brotbelag. Sie sind leichter zu verzehren und lassen sich – wie etwa der wellenförmig gelegte Schinken – auch optisch schön anrichten. Das Schichten der Scheiben sollte hingegen vermieden werden, da sie meist aneinanderkleben und ihre Geschmeidigkeit verlieren.

ÄSTHETIK DER FÜLLUNG

Auch das Auge ißt bekanntlich mit, und erst ein gut in Szene gesetzter Belag macht das Brötchen richtig lecker. Was Schinken, Fleisch, Wurst- oder Käseauf-

schnitt betrifft, so gilt es vor allem den Fehler zu vermeiden, die Scheiben zu schichten. Denn dann kleben sie aneinander, das Brötchen wird zu kompakt, der Bissen sperrig. Dünn geschnitten kann man die Zutaten leichter formen und ihr Aroma gleichmäßiger über das ganze Brötchen verteilen.

Die Rollenform

Sie bietet sich für gekochten Schinken und gebratenes weißes Fleisch an, setzt allerdings eine Schneidemaschine voraus, denn man benötigt hauchdünne Schei-

ben. Diese werden mit den Fingern gerollt und nebeneinander gelegt. So läßt sich der Umfang des Brötchens steigern, der nun entstandene Leerraum garantiert eine luftige Nachgiebigkeit des Bissens.

Die Wellenform

Sie ist für alle Formen von Wurst- und Fleischaufschnitt geeignet sowie für Käsesorten mit elastischer Masse. Nehmen Sie nicht zu dicke Scheiben und biegen Sie diese so, daß sich Wellen bilden; auch diese Form läßt Luft in den Zwischenräumen und macht das Brötchen noch zarter.

PANINI – GOURMET-BRÖTCHEN AUS MAILAND

Auf der anderen Seite des Ozeans ist die Herrschaft der Geschwindigkeit längst kein futuristischer Mythos mehr, sondern alltägliche Realität. Dem schnelleren Lebensrhythmus paßt sich auch die Ernährung an. Je schneller der Produktionszyklus, desto mehr Käufer, desto höher der Profit. Das Fordsche Modell der Fließbandproduktion wird von der Automobil- auf die Ernährungsindustrie übertragen, der Duft von Frikadellenbrötchen und Pommes frites hält Einzug in den Straßen Amerikas. 1955 begründet Ray Kroc eine neue Ära des Fast food, indem er die Methode, die die Brüder Mc-Donald zur Herstellung belegter Brötchen in ihrem Drive-in in Pasadena, Kalifornien, entwickelt haben, erst auf ganz Amerika ausdehnt und schließlich in die ganze Welt exportiert. So entsteht der Hamburger, ein für jedermann erschwingliches Energiebrötchen, ebenso proteinreich wie phantasielos. Für den kreativen Touch muß man über den Atlantik zurück nach Mailand, der Industriemetropole Italiens, die mit einer Unzahl neuer Imbißlokale, den Bars, auf den explosionsartigen Zustrom von Arbeitern, Angestellten und Studenten reagiert. In den 50er und 60er Jahren, als sich der wirtschaftliche Wohlstand allmählich konsolidiert, kehren die ersten Emigranten zurück, die auf der Suche nach Arbeit ausgewandert

BRÖTCHEN FÜR DIE GÄSTE

Brötchen können auch eine leckere Alternative für das Gästebuffet, zum Aperitif, für das gemeinsame Frühstück oder den gemütlichen Fernsehabend sein. Sie lassen sich leicht und schnell und auf die unterschiedlichste Weise zubereiten, machen das Besteck entbehrlich und sorgen überdies für eine auf Anhieb lockere und ungezwungene Atmosphäre. Abgesehen vom Frühstück sollte man dabei kleine Brötchen anbieten, die in zwei oder drei Bissen gegessen werden können.

Servieren Sie die Brötchen nach Geschmacksrichtungen sortiert auf Tabletts und vergessen Sie nicht, die Vegetarier unter Ihren Gästen entsprechend zu berücksichtigen, deren Zahl beständig zunimmt. Am besten Sie nehmen Brötchensorten, die nicht erst aufgewärmt werden müssen, wobei Sie die Brötchen nicht in Servietten zu verstecken brauchen – das ist nur in Bars sinnvoll; zuhause genügt es, Servietten und kleine Teller neben den Tabletts bereitzuhalten, da sich ohnehin jeder selbst bedient.

Rezepte, die geschnittenes Brot erfordern, eignen sich weniger für eine abendliche Einladung denn als Appetitanreger vor dem Mittagessen. Dabei werden die Scheiben entweder in kleine Häppchen zerteilt oder gleich von Baguettestangen in dickeren Scheiben abgeschnitten.

Brote und Brötchen auf den
Straßen in aller Welt. Unten
ein Stand auf dem Markt
von Ambato, Ecuador;

darunter der Markt von
Hué in Vietnam, auf dem Ba-
guettes verkauft werden.
In Indochina ist das Brot-

backen ein relativ junges,
erst mit der französischen
Kolonialzeit aufgekommenes
Gewerbe.

Saucen und Cremes garnierte, auf dem Grill geröstete, feste, knusprige Panino. Dieses Brötchen sollte in ganz Italien Schule machen und erst 1979 von der ebenfalls in Mailand ansässigen Bäckerei namens „Panino Giusto" ernsthafte Konkurrenz bekommen, wobei der Newcomer sich im wesentlichen auf eine Verfeinerung der Rezepte Cremonis beschränkte, die er vor allem durch die ausgeklügelte Abstimmung der Ingredienzen erreichte. Was war das Neue und Unverwechselbare an Cesares Panini? Cremoni war lange im Ausland, hatte als Hilfskoch im Pariser Moulin Rouge ebenso wie auf einem Ozeandampfer, der zwischen Le Havre und New York verkehrte, gearbeitet und darüber hinaus auch in Belgien, der Schweiz, Deutschland und Skandinavien Erfahrungen gesammelt, die er allesamt in seine Kunst der Paninifertigung einfließen ließ.

Bei Cesare gab es die ersten Sandwiches mit Gänseleberpastete, Krebsfleisch, geräucherter Forelle, mit Garnelen, Lachs, Stör- und Heringskaviar, Roastbeef und

waren. Unter ihnen ist auch Cesare Cremoni, der 1963 in der Via Turati seine Bar eröffnet.

Bei ihm entdecken die Mailänder das andere Gesicht der Straßengastronomie: das mit vielen ungewöhnlichen Zutaten gefüllte, mit

Unten ein Standfoto aus dem Film „Harry und Sally" von Rob Reiner. Es handelt sich um jene vielzitierte Szene, in der die Protagonistin einen Orgasmus simuliert, während sie ein Sandwich in einem Fast-food-Restaurant ißt.

BERÜHMTE FILMSZENEN

Dem Brötchen hat das Kino nicht im gleichen Maß gehuldigt wie den Freuden der Tafel und den großen Gelagen – man denke an „Babettes Fest". Dennoch konnte eine Kunst, die unsere sich verändernden Lebensgewohnheiten stets genau registriert hat, auch das Brötchen nicht übersehen.

Wir erinnern an zwei berühmte Filmszenen, aus einem amerikanischen und einem italienischen Film, in denen das Brötchen zum Spiegel unterschiedlicher Mentalitäten wird. In „Harry und Sally" (1989, Regie Rob Reiner) sitzen die beiden Hauptdarsteller in einem Fast-food-Lokal; Sally ißt ein Sandwich, hält plötzlich inne und erteilt Harry eine Lektion über weibliche Verstellungskunst, indem sie – unter bestürzten Blicken der anderen Gäste – einen Orgasmus simuliert, um dann ihr belegtes Brot weiter zu essen, als sei nichts geschehen. Daraufhin beeilt sich eine etwas betagte Dame vom Nachbartisch im Glauben an die aphrodisierende Wirkung des Brötchens, „dasselbe, was die junge Frau dort hatte ..." zu bestellen.

Vom ewig hungrigen Italiener handelt hingegen „Wer hat dem Affen den Zucker geklaut" (1982, Regie Castellano und Pipolo). Carlo Verdone ist Boxer und ein Großmaul, der wegen eines Kampfes Diät halten muß. Beim Joggen betritt er unbemerkt von seinem Trainer eine Bar und bestellt, ganz außer Atem: „Chef, ich hab' nur wenige Minuten. Mach mir ein Brötchen mit Schinken, Mortadella und Salami, alles, was du hast, aber mach schnell."

Das Guinness-Buch der Rekorde verzeichnet einige Eintragungen zu Brot, belegten Brötchen und ihren Zutaten. Hier die spektakulärsten:

Der größte Hamburger wurde 1994 auf einem zehn Meter langen Rost des Restaurants all'-Acero in Isola Vicentina zubereitet. Gewicht: 330 1 kg. Der größe Brotfladen wurde vom Personal der Sasko Oranje Stoom von Upington, Südafrika, 1992 gebacken. Gewicht 38 kg bei einer Dicke von 16,5 cm. Das längste Sandwich wurde in Lanzo Torinese vom städtischen Hilfskomitee für Tschernobyl 1996 in die Tat umgesetzt: es maß 326,4 m.

Das längste gefüllte Baguette, das aus Teilstücken zusammengesetzt wurde, stammt von der Vereinigung der Freunde des Biers in Collecchio, Parma, und maß insgesamt 3968,34 m.

Die größte Frikadelle wurde 1955 von KFC in New York gebraten. Sie bestand aus Hühnerfleisch, wies einen Durchmesser von 3,6 m und ein Gewicht von 1000 kg auf. Die längste Wurst wurde mit 301,39 vom Karnevalskomitee in Arco di Trento 1997 hergestellt. Die größte Salami brachte die A/S Svinlands Polsefabrikk von Flekkenfjord, Norwegen zustande: 20,95 m lang, 63 cm Umfang und 667 kg schwer.

Putenbraten, aber auch mit Rinderfilet, Rentierpastete, Wildschweinschinken und Speck. Seine Füllungen waren mit grüner, Tatar- und Thousand-Islands-Sauce, mit Mayonnaise und Russian Dressing veredelt und es fehlte auch nicht der großzügige Spritzer Wodka oder Brandy, Whisky, Rum oder Sake. Kurz, Cremoni zelebrierte einen internationalen Stil, der, gemessen an unserem heutigen Geschmacksempfinden, ein wenig exzessiv erscheinen mag.

Doch auch die Gastronomie unterliegt Moden und Tendenzen, die einander mit schöner Regelmäßigkeit ablösen. Nach Raffinesse und Opulenz bestimmen Einfachheit und Leichtigkeit die Eßkultur; der Internationalisierung folgt die Rückkehr zur regionalen Küche. Oftmals existieren diese Gegensätze jedoch auch nebeneinander. Gegenwärtig setzt man in Italien auf lokale Produkte und damit auf die Spezialitäten der einheimischen Küche; aber mit der

Unten: was für uns wie ein gewöhnliches Vogelhäuschen aussieht, ist in Wirklichkeit ein „Brotkasten" auf dem Ran-giroa-Atoll, Polynesien. Hier wirft der Bäckerbote seine Baguettes ein. Unten rechts: das Wappen der Mailänder Bäckerei „Panino Giusto", die das Brötchen in einen Leckerbissen für Gourmets verwandelte.

Öffnung der Grenzen kommen neue Gewürze und Zutaten ins Land, die die Lust am Experimentieren fördern. Das italienische Panino stellt derzeit am Kreuzungspunkt dieser Entwicklungen so etwas wie den Versuch einer Synthese dar.

In diesem Zusammenhang kursiert ein aufschlußreicher Witz über belegte Brötchen: Ein Mann betritt eine Bar und bestellt ein Panino mit Nilpferdfleisch. Der junge Kellner, der hinter der Theke den Chef vertritt, bemüht sich nach Kräften, wenn auch etwas mißtrauisch, die ausgefallene Zutat zu finden. Der Kunde insistiert, wird ungeduldig und verlangt schließlich, den Besitzer zu sprechen. Der Lehrling will an seinem ersten Tag nicht als Versager dastehen und geht in den Keller, unter dem Vorwand, mit dem Chef zu sprechen. Er muß unbedingt einen Ausweg finden. Als er wie-derkommt, gibt er dem Kunden die einzig plausible Antwort: „Es tut mir leid, mein Herr, aber der Chef sagt, daß er ein Nilpferd nicht wegen eines einzigen Brötchens anschneidet."

Der Witz karikiert die Mentalität so mancher Gastwirte, und in einigen Fällen sicher nicht zu Unrecht; aber mehr noch verrät er den Überfluß, in dem wir heutzutage schwelgen und die hohe Meinung, die der Volksmund (zumindest in Italien) vom Erfindungsreichtum des kulinarischen Gewerbes hat. Die Wurst des trägen Dickhäuters ist zwar noch nicht im Handel, dafür aber bereits Straußenschinken, Känguruh-Carpaccio und japanische Algen. Wer hätte sich das noch vor einigen Jahren träumen lassen?

fondato nel 1979

PANINO GIUSTO

Das Panini-ABC

Das Panino erfordert eine Reihe von Handgriffen, die mit den geeigneten Hilfsmitteln einfacher und effizienter gestaltet werden können. Das folgende Kapitel gibt einen Überblick über die entsprechenden Kücheninstrumente und hilft bei der Auswahl der Brotsorten.

KLEINE HAUSHALTSGERÄTE
Für ein belegtes Brötchen genügen Werkzeuge und Geräte, die es normalerweise in jedem Haushalt gibt. Wir möchten einige hervorheben, die Ihnen die Zubereitung spürbar erleichtern können.

Sandwicheisen
Natürlich können Sie Brötchen auch im Backofen oder auf einer

Herdplatte warm machen, aber das Sandwicheisen bietet vielseitigere Anwendungsmöglichkeiten. Es besteht aus zwei übereinanderliegenden antihaftbeschichteten Metallplatten, die sich mittels Scharnieren wie ein Buch aufklappen lassen. Das Gerät hat einen Thermostat mit entsprechendem Regler für die gewünschte Temperatur sowie einen Timer. Auf dem geöffneten Sandwicheisen kann man beispielsweise Brot aufwärmen, Eier braten oder einen Hamburger grillen, während in geschlossenem Zustand die Wärme gleichmäßiger verteilt wird. Neue Modelle haben austauschbare Platten, wahlweise glatte oder gerillte, die sich zum Reinigen leicht abnehmen lassen, sowie hitzeabweisende Griffe und Oberflächen, um Verbrennungen vorzubeugen.

Mixer
Man kann mit ihm zerkleinern, pürieren, unterschiedliche Flüssigkeiten mischen, aber auch Festes mit Flüssigem verrühren oder – wie wir es in einigen Rezepten vorschlagen – Cremes und Saucen kreieren. Ein Mixer ist in der Küche unentbehrlich. Die besten Resul-

Vorhergehende Seite: das Sandwicheisen. Diese Seite, von oben gegen den

Uhrzeigersinn: der klassische Mixer, der Stabmixer, der ideal für kleine Portionen ist,

die Schneidemaschine mit geneigter Schnittfläche für Präzisionsarbeit.

tate erzielt man mit Geräten, die aufgrund ihrer höheren Leistung über eine besonders hohe Umdrehungsgeschwindigkeit verfügen. Bei neueren Modellen sorgt eine Impulstaste dafür, daß kleinere Mengen weniger „zerfasern". Eine höhere Sicherheit bei der Handhabung wird dadurch gewährleistet, daß der Mechanismus erst bei geschlossenem Deckel anspringt. Ebenfalls sehr zu empfehlen sind Stabmixer, vor allem für kleine Portionen. Sie lassen sich in jedem beliebigen Gefäß anwenden und sind universell einsetzbar.

Aufschnittmaschine

Nicht nur der Duft frischen Wurstaufschnitts überzeugt hier, mit dem Allesschneider können Sie auch Fleisch, Käse, Gemüse sowie Brot schneiden und überdies die Schnittstärke individuell einstellen. Wenn Sie noch keinen besitzen, aber eine Neuanschaffung erwägen, dann beachten Sie, daß die sichersten Modelle ziemlich schwer und mit einem Sensor ausgestattet sind, der die Stromzufuhr unter-

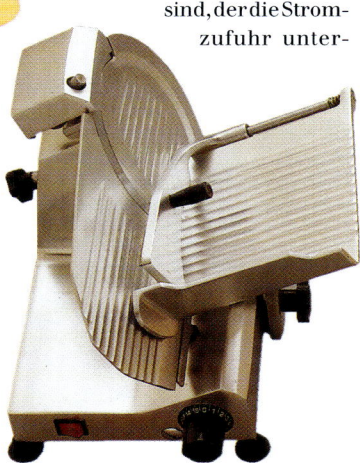

bricht, sobald sich der Andruck am Messer verändert. Geräte mit schräggestellter Schnittfläche machen sich die Schwerkraft zunutze und erlauben regelmäßigere und genauere Schnitte.

MESSER UND ANDERE WERK-ZEUGE

Für belegte Brote brauchen Sie nur wenige Schneidewerkzeuge, aber es sollten die richtigen sein, damit Sie genau und effizient arbeiten können.

1. *Lachsmesser*

Seine lange, schmale und biegsame Klinge mit Einkerbungen erleichtert das Schneiden und das Ablösen der Scheiben von der Klinge.

2. *Wurst- und Aufschnittmesser*

Seine lange steife Klinge macht

dieses Messer handlich und vielseitig; es ist ideal zum Schneiden fester Wurstsorten.

3. *Brotmesser*

Seine lange, kräftige Klinge weist den typischen Wellenschliff auf, mit dem man das Brot zerteilen kann, ohne die Krume zu quetschen.

4. *Schinkenmesser*

Mit der langen schmalen

Klinge kann man besonders feine Scheiben schneiden, was allerdings eine gewisse Übung erfordert.

5. *Küchenmesser*

Das klassische Allroundmesser

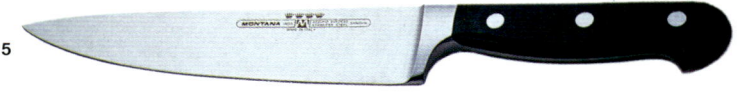

1

3

4

5

6

7

Oft hat man zwar viele verschiedene Messer im Haus,
neigt aber dazu, das nächst-
beste zu nehmen, das nicht
unbedingt auch das geeignete
sein muß.

2

streichen von Butter, Cremes und
Pasteten auf allen Oberflächen.

mit breiter, mittelspitzer Klinge:
zum Schneiden, Tranchieren,
Hacken und Filetieren.

6. *Universalmesser*
Das Vielzweckmesser mit kurzer,
scharfer Klinge, ideal zum Schälen, Schneiden, Pellen.

7. *Sparschäler*
Man kann mit ihm nicht
nur schälen, sondern
auch dekorative Streifen aus festem Gemüse zaubern. Das Modell
mit dem Gabelgriff hat sich besonders bewährt.

8. *Streichmesser*
Dank seiner (stumpfen) Spachtel-
klinge sehr nützlich zum Ver-

9. *Wiegemesser*
Anstelle eines Mixers können Sie
hiermit auf herkömmliche Weise
zerkleinern, Das Ergebnis wird
zwar nicht so fein, aber auch nicht
so „zerfasert" sein.

8

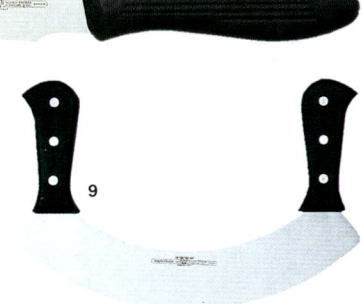

9

Von oben gegen den Uhr-
zeigersinn: Alufolie eignet sich
optimal zum Frischhalten von

Brötchen und Zutaten (es
gibt inzwischen auch säure-
abweisende Sorten); luftdicht

verschließbarer Gemüse-
und Salatbehälter mit
gewölbtem Deckel;

DIE KUNST
DES KONSERVIERENS

Nicht immer macht man sich
Panini, um sie gleich zu essen. Vielleicht möchte man eines ins Büro
oder als Stärkung für unterwegs
mitnehmen. Oder einen
kleinen Vorrat für später
zu erwartende Gäste an-
legen. In jedem Fall
braucht man geeignete
Folien und Behälter.

Im Büro
Von Plastikfolien ist abzura-
ten, da sie die Feuchtigkeit erhöhen und das Brot darin wie Gum-
mi wird. Sehr zu empfehlen hingegen sind Aluminiumfolien, die
es auch mit doppelter Beschichtung gibt: einer robusten äußeren
gegen Temperaturschwankungen
und einer inneren, die weder an-
haftet noch oxydiert, was vor allem
bei Lebensmitteln mit hohem Säu-
regehalt wie Zitronen oder

Tomaten wichtig ist. In jedem Fall
sollten Sie Brötchen mit fester Krume verwenden, die nicht aufgewärmt werden müssen. Nehmen
Sie wenig Dressing und keine Salatblätter, sie werden schnell welk.

Gäste
Sie können alle Brötchen im
voraus belegen und, in Alufolie
eingewickelt (eine einfach
beschichtete genügt), im
Kühlschrank aufbewah-
ren; zehn Minuten vor dem
Verzehr sollten Sie die Brötchen aus der Folie nehmen, damit sie sich auf Zimmer-
temperatur erwärmen.
Sie können auch
die Zutaten pas-
send vorbereiten
und in luftdichten
Plastikbehältern
kühl lagern, um das
aufgewärmte Brot da-
mit zu belegen und am
besten mit frischem Ge-
müse zu garnieren.

Aufschnittdose. Kunststoff-
behälter eignen sich bestens
sowohl für Frischhaltung wie
auch Transport.

Picknick

Thermotasche und Plastikbehälter
sind für den Transport eines Pick-
nicks ideal, da sie den Inhalt vor
Temperaturschwankungen und
anderen Einwirkungen schützen.
Wenn Sie die Brote im voraus zubereiten, können Sie sie einfach in
Alufolie einwickeln, doch es
schmeckt herzhafter und frischer,
wenn Sie Brot und Belag getrennt
mitnehmen – jeweils in Alufolie
bzw. Plastikbehältern – und erst an
Ort und Stelle anrichten.

Es gibt
mittlerweile Pla-
stikdosen in den verschiedensten Formen und Größen,
wobei die besten ein europaweit
gültiges Siegel tragen, das ihnen
attestiert, hygienisch sowie luft-,
dampf- und flüssigkeitsundurch-
lässig und unzerbrechlich zu sein.
Manche besitzen auch einen
Deckel, den man umgedreht prak-
tischerweise als Teller benutzen
kann.

DAS BROT

Prinzipiell können alle Brotsorten
mit Zutaten belegt werden; dennoch kann es sinnvoll sein, je nach
Rezept oder Anlaß die eine oder
andere Regel zu beachten.

Aufwärmen

Wir empfehlen es in vielen Rezepten: Etwas Wärme mindert die
Feuchtigkeit des Brotes, macht es
knuspriger und schmackhafter.
Manchmal, wie bei Weißbrot-
scheiben, muß man es toasten, um
eine halbwegs konsistente und für
Dressings undurchlässige Oberfläche zu erhalten. Roggen-, Voll-
korn- und Schwarzbrot sollten
nicht aufgewärmt werden: sie sind
reich an Ballaststoffen und müssen eine gewisse natürliche
Feuchtigkeit behalten.

Frischhalten

Wenn Sie das Brot nicht gleich verwenden, frieren Sie es am besten
in entsprechenden mikroperfo-
rierten Beuteln (es gibt sie in jedem Supermarkt) ein, die weder
Feuchtigkeit zurückhalten noch
Kondensat bilden. Wenn Sie im
übrigen das Brot vor dem Einfrieren schneiden, wird es später um-
so schneller auftauen. Bevor Sie es
aufwärmen, sollte es jedoch wieder Zimmertemperatur erreicht
haben.

Brötchen. Im allgemeinen weisen sie eine ziemlich feste Krume auf, die nur bedingt Saucen oder Cremes aufnimmt. Man sollte die Ingredienzen daher sorgfältig dosieren. Gegebenenfalls können Sie einen Teil der Krume entfernen. Nachfolgend zeigen wir einige typische Brötchen — traditionelle Sorten ebenso wie gewürzte oder mit besonderem Mehl gebackene — und geben Tips, wie man sie am besten zubereiten kann.

1. Milchbrötchen
Der süße Geschmack kontrastiert angenehm mit der Würze von geräucherter Wurst oder Fisch.

2. Rosmarinbrötchen
Der intensive Duft paßt gut zu herzhaften Schinken und Braten sowie zu vegetarischem Belag.

3. Sojabrötchen
Schmackhafte Kruste, zarte Krume, ein sehr vielseitiges Brot. Bei schwacher Hitze auf der Herdplatte wird es wieder knusprig.

4. Cocktailbrötchen
Von sich aus sehr schmackhaft, verlangt es nach ebensolchem Belag. Für den ausgefallenen Geschmack gibt es eine Bananen-Version.

5. Roggenbrötchen
Schmackhaftes Brot mit fester Krume; eignet sich gut für rustikale Beläge. Sollte nicht aufgewärmt werden.

6. Sesambrötchen
Es ist weich und zart und eignet sich nicht für üppi-

ge Beläge. Schmeckt sowohl frisch wie aufgewärmt.

7. Kartoffelbrötchen
Erst kürzlich wiederentdeckt. Süßer Geschmack, feste Krume. Paßt auch zu pikanten Belägen.

8. Sonnenblumenkernbrötchen
Mit dem Sojabrötchen vergleichbar, aber leicht süß im Geschmack. Ideal für Wurst.

9. Getreidebrötchen
In der Regel aus Roggen-, Mais-, Hafer-, Soja- oder Hartweizenmehl hergestellt. Jede Bäckerei hat ihre eigene Mischung.

10. Mohnbrötchen
Elegant und aromatisch, für delikate Zutaten geeignet. Die feste Krume verträgt keine üppigen Beläge.

11. Kürbiskernbrötchen
Es hat die Kruste eines Landbrots und eine feste, zarte und süße Krume. Gut für würzigen Wurstaufschnitt und geräucherten Fisch mit Saucen.

12. Baguettebrötchen
Eignet sich ideal für eine kräftige Zwischenmahlzeit. Verwendet man beim Belag Cremes oder Saucen, sollte man vorher besser etwas von der Krume entfernen.

Stangenbrote und Laibe. Ihre Krume besitzt eine wabenförmige Struktur, die sie luftig macht, um großzügig Beläge jedweder Art aufzunehmen. Ganz oder in Scheiben geschnitten bilden sie die Grundlage einer klassischen Brotzeit. Man kann sie an der Seite aufschneiden und aufklappen, die Krume entfernen, eine Füllung hineingeben und das Ganze wieder zusammendrücken, um es anschließend in kleine runde Appetithäppchen zu schneiden. Im folgenden führen wir vom Toskanabrot über das kräftige Landbrot bis zu Mischbroten die wichtigsten Sorten auf. Bei der meist weichen und durchlässigen Krume empfehlen wir, die Scheiben gegebenenfalls von beiden Seiten zu toasten.

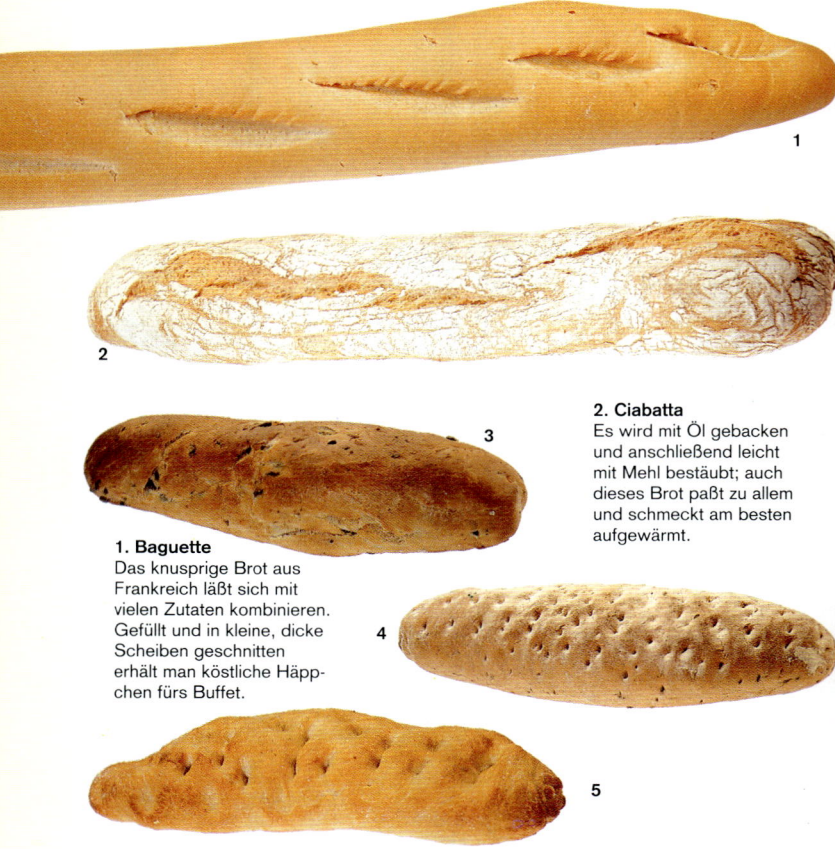

1

2

2. Ciabatta
Es wird mit Öl gebacken und anschließend leicht mit Mehl bestäubt; auch dieses Brot paßt zu allem und schmeckt am besten aufgewärmt.

3

1. Baguette
Das knusprige Brot aus Frankreich läßt sich mit vielen Zutaten kombinieren. Gefüllt und in kleine, dicke Scheiben geschnitten erhält man köstliche Häppchen fürs Buffet.

4

5

6

7

8

9

10

3. Olivenbrot
Sehr schmackhaft, eignet sich am besten zu zartem Fisch, weißem Fleisch, gekochtem oder geräuchertem Schinken.

4. Roggenbrot
Es besteht aus Roggen- und Weißmehl und wird gelegentlich mit Fenchel oder Kreuzkümmel gewürzt. Sein Geschmack ist angenehm säuerlich; sollte nicht aufgewärmt werden.

5. Panfocaccia
Ein Fladenbrot, auch aufgewärmt schmackhaft und knusprig, ideal für reichhaltige Beläge.

6. Getreidemischbrot
Wie beim Brötchen werden auch hier verschiedene Sorten Mehl gemischt, in der Hauptsache Roggen, Mais, Hafer, Soja und Hartweizen. Sehr nahrhaft und geeignet für eine vollwertige Mahlzeit.

7. Landbrot
Auch Bauernbrot genannt; aus Weißmehl mit dicker Kruste und fester Krume. Wird durch Aufwärmen knusprig.

8. Toskanabrot
Ohne Salz und daher mit allen erdenklichen Belägen kombinierbar. Schmeckt auch getoastet.

9. Nußbrot
Nahrhaftes, schweres Brot, das zu geräuchertem Fisch und Wurstaufschnitt paßt. Eignet sich nicht für opulente Füllungen und sollte auch nicht aufgewärmt werden.

10. Maisbrot
Von zartem, fast neutralem Geschmack. Die Scheiben sollten vor dem Belegen getoastet werden.

PANINI MIT WURST UND SCHINKEN

Parmaschinken
mit Bohnencreme und Minze

Zutaten

- 2 SCHEIBEN SCHWARZBROT
- 40 G PARMASCHINKEN IN SCHEIBEN
- 1 GEKOCHTES EIGELB
- 1 ESSLÖFFEL MASCARPONE
- 1 ZWEIG MINZE
- 3 ESSLÖFFEL TIEFGEFRORENE DICKE BOHNEN
- PARMESANKÄSE (GEHOBELT)
- OLIVENÖL (KALTGEPRESST)
- 1 TEELÖFFEL EINGELEGTER ROSA PFEFFER
- SALZ

◆ Die Bohnen werden in einem Topf zusammen mit einem Teelöffel Öl und einer Prise Salz etwa zehn Minuten lang gegart (Sie können auch gekochte Bohnen aus der Dose nehmen).◆ Die Bohnen werden abgegossen und durch ein Sieb (bzw. mit einer Gabel zu Brei) gedrückt, anschließend in einer Schüssel mit dem zerbröselten Eigelb und dem Mascarpone vermischt. ◆ Geben Sie ein wenig Öl dazu und rühren Sie, bis eine gleichmäßige Creme entsteht. ◆ Nun die gewaschene Minze zerkleinern und unter die Creme rühren. Ein paar Minuten ziehenlassen. ◆ Streichen Sie die Hälfte der Creme auf eine

Brotscheibe, streuen Sie die Pfefferkörner darüber und legen Sie Schinken und Parmesan darauf. Decken Sie das Ganze mit der zweiten Brotscheibe ab, nachdem Sie diese mit dem Rest der
Creme bestrichen haben.

andere Brotsorten
*Roggen-, Vollkorn- und
Getreidemischbrot*

Variante
*Anstelle der Bohnen
Erbsen (tiefgefroren
oder aus der Dose)
verwenden*

Getränke
*Junger Rotwein:
Chianti, Sangiovese,
Novello
Bier: Lager*

✿ PARMASCHINKEN

Die Kunst, Schweinekeulen in Salz zu konservieren,
war im etruskischen Padanien bereits seit dem
5. Jahrhundert vor unserer Zeit bekannt. Das Salz
verleiht dem Parmaschinken während der 10 bis 12
Monate der Lagerung seinen würzigen, leicht süßlichen Geschmack. Mit
dem Siegel der fünfzacki-
gen Krone wacht ein Kon-
sortium strengstens
über die Einhaltung der
Herstellungsbestimmun-
gen, die dem Schinken
seinen unverwechsel-
baren Charakter sichern.
Man erkennt ihn an der
„Hühnerkeulen"-Form, bei

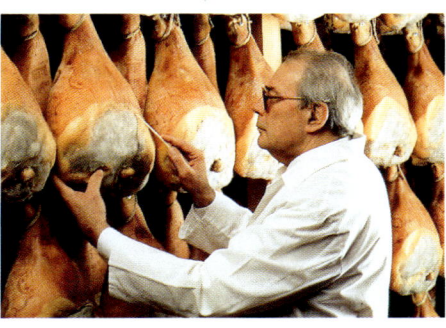

der das Fett sich am unteren Rand sammelt. Es
überrascht, daß der Parmaschinken es ohne dieses
sichtbare Fett lediglich auf 138 Kalorien pro 100 g
bringt.

ROSA PFEFFER

Frischer rosa Pfeffer hat einen angenehmen säuerlichen Geschmack. Die beste Qualität kommt
aus Réunion im Indischen Ozean. Er wird in Essig-
und Salzmarinade oder getrocknet angeboten.

Roher Schinken, Montasio und Shrimpsbutter

Zutaten

- 2 SCHEIBEN WEISSBROT
- 50 G SAN-DANIELE-SCHINKEN (IN SCHEIBEN)
- 20 G JUNGER MONTASIO (WAHLWEISE FONTINA)
- 3 ESSLÖFFEL BUTTER
- 3 ESSLÖFFEL GEKOCHTE SHRIMPS
- 1 TEELÖFFEL FEINGEHACKTER SCHNITTLAUCH
- 1 KNOBLAUCHZEHE
- PFEFFER
- SALZ

◆ Zerkleinern Sie die Shrimps mit Salz und Pfeffer im Mixer und geben Sie sie zu der cremig gerührten Butter in eine Schüssel; vermischen Sie beides mit dem fein-gewiegten Schnitt-lauch. ◆ Toasten Sie die beiden Weißbrot-scheiben leicht an und reiben Sie jeweils eine Seite mit der Knoblauchzehe ein; anschließend die Shrimpsbutter mit dem Schnittlauch ver-streichen und mit den Schinken-scheiben belegen. ◆ Als letz-

te Schicht kommt der dünn gehobelte Montasio darauf, das Ganze wird schließlich mit der zweiten Brotscheibe abgedeckt. ◆ Sie können für dieses Rezept auch tiefgefrorene Shrimps verwenden, die Sie nur kurz in kochendem Salzwasser zu garen brauchen. Mit einem Teelöffel Sardellenpaste können Sie die Shrimpsbutter noch schmackhafter machen.

andere Brotsorten
Landbrot,
Sojabrot,
Getreidemischbrot

Variante
anstelle des Montasio
einen milden Pecorino
aus der Toskana oder
jungen Parmesankäse

Getränke
schwerer Rotwein:
Cabernet,
Teroldego
Bier: Lager

✪ SAN-DANIELE-SCHINKEN

Kenner schätzen diesen Schinken aus dem Friaul, der nur in der Gemeinde San Daniele hergestellt wird, wegen seiner unvergleichlichen Zartheit. Sein Geheimnis liegt zum einen im günstigen Klima zwischen Alpenausläufern und Adria, das während der Lagerung mindestens ein Jahr lang auf den Schinken einwirkt; zum anderen im seit der Antike überlieferten Geschick beim Pökeln und Pressen. Nur wenn der Schinken – nach bestimmten Regeln der Herstellung – das meiste Fett am unteren Ende der Keule und nicht mehr als 4% im übrigen Teil aufweist, erhält er vom Konsortium sein Gütesiegel.

I-TÜPFELCHEN
Wenn Sie Geräuchertes mögen, empfehlen wir Ihnen auch den Schinken aus dem friulanischen Sauris, der nach Pinie und Ginster duftet.

41

Roher Schinken mit Käse und getrüffelten Pilzen

Zutaten

- EIN NUSSBRÖTCHEN
- 50 G GESCHNITTENER SAN-DANIELE-SCHINKEN
- 30 G CAMOSCIO D'ORO (WAHLWEISE FONTINA)
- EIN PAAR RUCOLA-BLÄTTER
- EIN GROSSER FESTER CHAMPIGNON
- TRÜFFELÖL
- OLIVENÖL (KALTGEPRESST)
- SALZ

◆ Teilen Sie das Brötchen in zwei Hälften und toasten Sie die Innenseiten (auf der Herdplatte oder im Backofen) an. ◆ Geben Sie die gewaschenen und abgetupften Rucola-Blätter zusammen mit dem in Scheiben geschnittenen Champignon in eine Schüssel. Vermengen Sie beides unter Beigabe einer Prise Salz, je eines Tee-

löffels Trüffelöl und Olivenöl. ◆ Legen Sie drei Scheiben Käse auf die eine Brötchenhälfte; schichten Sie den Schinken darauf und zuletzt den Pilz-Rucola-Salat. Schließen Sie das Panino mit der anderen Hälfte.

andere Brotsorten
Milch-, Roggen- oder Mischbrötchen

Variante
statt Trüffelöl können Sie auch Trüffelbutter auf das Brot streichen; in diesem Fall reichen ein paar Tropfen Olivenöl für Pilze und Rucola

Getränke
schwerer Rotwein: Teroldego, Dolcetto Bier: Doppelbock

TRÜFFELÖL

Dieses aromatische Öl gibt es mittlerweile auch in großen Supermärkten. Es handelt sich um Olivenöl, in dem schwarze oder weiße Trüffel eingelegt wurden (gelegentlich wird auch Trüffelaroma zugegeben). Dabei bleibt die Flüssigkeit klar, die Knollen bekommen eine schuppige Haut. Das Etikett gibt Auskunft über Trüffelsorte und Herkunft – die wertvollsten kommen aus der Gegend von Alba und Acqualagna. Trüffelöl sollte wegen seines sich schnell verflüchtigenden Geschmacks immer kalt und erst kurz vor dem Verzehr zum Einsatz kommen, eine größere Menge verbessert übrigens nicht das Resultat. Zum Schutz des Aromas muß es an einem dunklen Platz aufbewahrt und innerhalb von vier Monaten verbraucht werden.

Roher Schinken
mit Artischockencreme

Zutaten

- 2 SCHEIBEN LANDBROT
- 50 G ROHER SCHINKEN, IN SCHEIBEN GESCHNITTEN
- 3 ESSLÖFFEL ARTISCHOCKENCREME
- EIN HALBES ARTISCHOCKENHERZ
- 20 G HOLLÄNDISCHER GOUDA
- ZITRONE
- OLIVENÖL (KALTGEPRESST)
- PFEFFER
- SALZ

◆ Von der Artischocke die äußeren harten Blattkränze und das Heu (die pelzigen Samenfäden in der Mitte) entfernen; die zarteren Partien in dünne Scheibchen schneiden, mit Öl, Zitronensaft und etwas Salz in eine Schüssel geben und einige Minuten ziehen lassen. ◆ Den feingehobelten Käse kurz auf einer Brotscheibe im Backofen zerlaufen lassen ◆ Streichen Sie die Arti-

schockencreme auf das Käsebrot und legen Sie die wellenförmig angeordneten Schinkenscheiben darauf. ◆ Schichten Sie zuletzt den angerichteten Artischockensalat darüber, bevor Sie mit der zweiten Brotscheibe, die ebenfalls im Backofen getoastet wurde, das Ganze abschließen. ◆ Je nach Geschmack können Sie das Brot zuvor mit einer Knoblauchzehe einreiben und die Artischocken mit Pfeffer bestreuen.

andere Brotsorten
Weißbrot,
Ciabatta

Variante
Culatello oder
Bresaola
statt Schinken

Getränke
würziger Weißwein:
Chardonnay, Tokaj
Bier: Pilsner

ARTISCHOCKENCREME

Von dieser leckeren Creme empfiehlt es sich, eine kleine Menge auf Vorrat zuzubereiten. Nehmen Sie von 4 Artischocken nur die zartesten Partien, entfernen Sie die harten Blattspitzen und das Heu, schneiden Sie die Stengel in Würfel und garen Sie alles mit einer Zitronenschale in kochendem Wasser. Braten Sie die abgetropften Artischockenstücke in einer Pfanne mit wenig Öl und gehackten Zwiebeln, löschen Sie mit zwei Eßlöffeln Brühe ab. Lassen Sie die Artischocken abkühlen und verrühren Sie sie mit einem Bund Petersilie und einer halben Knoblauchzehe im Mixer; bei Bedarf können Sie die Creme mit etwas Butter oder Mascarpone binden. Im Kühlschrank aufbewahren.

EMPFEHLUNG
Der leicht süße Geschmack der Artischocken paßt gut zu einem kräftigen, schmackhaften Landschinken.

45

Wildschweinschinken mit Meerrettichcreme

Zutaten

- EIN SOJABRÖTCHEN
- 50 G WILDSCHWEINSCHINKEN
- 30 G FRISCHKÄSE
  (TYP PETIT SUISSE ODER GERVAIS)
- 1 TEELÖFFEL MEERRETTICHCREME
- EIN PAAR SALATBLÄTTER (GRÜNER LOLLO)
- OLIVENÖL (KALTGEPRESST)
- SALZ

◆ Verrühren Sie den gesamten Frischkäse mit einem halben Teelöffel Meerrettichcreme (oder mehr, wenn Sie es kräftiger mögen), etwas Salz und einem Teelöffel Öl in einer Schüssel zu einem weichen cremigen Aufstrich. ◆ Teilen Sie das Brötchen in zwei Hälften und toasten Sie die Scheiben auf der Innenseite an. ◆ Bestreichen Sie die eine Hälfte mit der Creme und

WILDSCHWEINSCHINKEN

Der von Natur aus fettarme Schinken mit der zarten Knoblauchnote erfreut sich in Italien steigender Beliebtheit, was vor allem ein Verdienst toskanischer Restaurants ist, die ihn immer häufiger auf ihre Speisekarte setzen. Ursprünglich stammte der Wildschweinschinken aus Umbrien und der Toskana, mittlerweile wird er in weiten Teilen des Landes hergestellt. Vier Monate lang wird er abgehängt, dann weicht der strenge Hautgout des Wildes einem würzig-herzhaften Geschmack. Am besten eignet er sich zu kräftig-scharfen Zutaten wie Meerrettich- oder Knoblauchcremes.

Für den frischen Meerrettich benötigen Sie eine kleine Reibe.

andere Brotsorten
Weißbrot,
Landbrot

Variante
Toskanaschinken statt
des Wildschweinschin-
kens; der Aufstrich
wird würziger, wenn
Sie anstelle der Creme
frischen Meerrettich
hineinreiben

Getränke
Rotwein:
Rosso di Montalcino,
Chianti Classico
Bier: Lager

schichten Sie nacheinander den Schinken und die Salatblätter darauf. ◆ Schließen Sie das Panino mit der anderen Hälfte, die Sie zuvor leicht geölt haben. ◆ Anstelle des Frischkäses können Sie auch ein paar Eßlöffel Butter nehmen.

47

Wildschweinschinken mit Prager Sauce

Zutaten

- 2 SCHEIBEN LANDBROT
- 50 G WILDSCHWEINSCHINKEN IN SCHEIBEN
- 20 G PRAGER SCHINKEN IN SCHEIBEN
- 2 ESSLÖFFEL COCKTAILSAUCE
- EIN ESSLÖFFEL FRISCHKÄSE (MILD, TYP FIOR DI CERTOSA ODER MASCARPONE)
- EIN PAAR BLÄTTER VALERIANELLA-SALAT

◆ Den Prager Schinken kleinschneiden und in einer Schüssel mit der Cocktailsauce vermengen. ◆ Das Landbrot auf der Herdplatte oder im Backofen toasten, eine Scheibe mit der Hälfte des cremig verrührten Käse bestreichen; darüber die Wildschweinschinkenscheiben und die Salatblätter schichten. ◆ Die Füllung mit der zweiten Brotscheibe, die Sie zuvor mit dem übrigen Käse bestrichen haben, abdecken. ◆ Je nach Geschmack können der Prager Sauce auch kleingehackte Gurken oder marinierte Kapern beigegeben werden.

andere Brotsorten
Weißbrot,
Krustenbrot

Variante
Kalbs- oder Putenbraten statt Prager
Schinken

Getränke
Spritziger
Weißwein:
Trebbiano,
Malvasia

FEINE COCKTAILSAUCE

Für eine leicht und schnell herzustellende zarte Cocktailsauce gießen Sie 250 g einer bereits fertigen Mayonnaise in eine Schüssel und rühren Sie einen Eßlöffel Ketchup mit dem Schneebesen darunter; geben Sie unter ständigem Rühren nach und nach einen Teelöffel Worcestersauce, einen Teelöffel milden Senf, einen Teelöffel Brandy und schließlich zwei Eßlöffel Mascarpone hinzu. Stellen Sie das Ganze in einem luftdichten Behälter einige Tage in den Kühlschrank. Rühren Sie die Cocktailsauce vor dem Verzehr noch einmal gründlich um. Wenn Sie es gern etwas kräftiger mögen, können Sie noch eine halbe Zwiebel kleinhacken und dazugeben.

Gänseschinken
mit grüner Sauce

Zutaten

- 2 SCHEIBEN LANDBROT
- 50 G GÄNSESCHINKEN IN SCHEIBEN
- 2 ESSLÖFFEL GRÜNE SAUCE
- FRISCHER KNOLLENSELLERIE
- 1 RADIESCHEN
- OLIVENÖL (KALTGEPRESST)

◆ Vom Knollensellerie eine Scheibe (etwa einen halben Zentimeter dick) abschneiden, feinwiegen und mit wenig Öl in einer Schüssel mit der grünen Soße vermengen. ◆ Beiseitestellen und eine Weile ziehen lassen. ◆ Das Brot wird nun knusprig getoastet und mit der grünen Sauce bestrichen. ◆ Zum Schluß wird eine Scheibe mit dem Gänseschinken und dem ganz fein geschnittenen Radieschen belegt und dann mit der zweiten Scheibe abgedeckt.

EMPFEHLUNG
Einen würzigeren Geschmack erzielen Sie, wenn Sie der grünen Sauce in Essig eingelegte Stückchen Knollensellerie (vorher gut abtropfen lassen) beigeben.

GÄNSESCHINKEN

In der Lombardei wird die Gans wegen ihres sehr zarten Fleisches ähnlich hoch geschätzt wie das Schwein. Gänseschinken wird aus der Keule gewonnen, die mit Pfeffer, Lorbeer, Muskatnuß und Marsala mit Ei gewürzt wird. Die Gemeinden Mortara und La Lomellina rühmen sich, den Gänseschinken erfunden zu haben sowie eine besonders feine Salami, die in die Halshaut der Gans gewickelt wird und eine beinahe streichfähige Konsistenz aufweist.

GRÜNE SAUCE

Ihr frischer, säuerlicher Geschmack eignet sich vortrefflich für gekochtes Rindfleisch, Roastbeef oder kalten Braten von Schwein und Pute ebenso wie für einen „süßen" Schinken wie den Gänse-schinken. Die Zubereitung ist relativ einfach. Geben Sie in den Mixer die Krume eines halben Cocktailbrötchens, einen Teelöffel eingelegter Kapern (die Sie zuvor gut ausgedrückt haben), einen Teelöffel Pinienkerne, ein in Öl eingelegtes Sardellenfilet, zwei entkernte schwarze Oliven, ein Bund Petersilie, ein Eigelb, Salz und Pfeffer und rühren Sie alles kurz durch. Das Ganze in eine Schüssel geben, etwas Öl und Zitrone mit der Ga-bel unterrühren. Im Kühlschrank aufbewahren.

andere Brotsorten
Weißbrot,
Krustenbrot

Variante
geraspelte Karotten
anstelle des
Knollenselleries

Getränke
feuriger Rotwein:
Barbera, Bonarda
Bier: Lager

Culatello mit Gruyère und süßsaurer Sauce

Zutaten

- EIN CIABATTABRÖTCHEN
- 50 G CULATELLO IN SCHEIBEN
- 20 G GRUYÈRE
- 2 SCHEIBEN TOMATEN
- 1 ESSLÖFFEL THOUSAND-ISLANDS-SAUCE
- 1 ESSLÖFFEL MIXED PICKLES
- EIN PAAR BLÄTTER FELDSALAT

WUSSTEN SIE, DASS
der Culatello ein magerer Schinken ist, der aus dem hinteren Muskel der Schweinekeule gewonnen wird? Dabei muß man auf den übrigen Schinken verzichten, woraus sich der hohe Preis erklärt. Der Culatello doc kommt aus der Provinz Parma.

◆ Die Mixed Pickles gut abtropfen lassen, zerkleinern und in eine Schüssel geben. ◆ Mit der Thousand-Islands-Sauce vermengen. ◆ Das Brot auf der Innenseite toasten und mit der Sauce bestreichen. ◆ Anschließend erst den fein gehobelten Käse darüberstreuen und darauf den Schinken schichten. ◆ Mit den Tomatenscheiben und den Feldsalatblättern garnieren und das Panino wieder schließen. ◆ Einen frische-

ren Geschmack erhalten Sie, wenn sie zur Sauce noch Basilikum oder Minze kleingehackt geben.

Eine Schale mit süßsaurer Thousand-Islands-Sauce

THOUSAND-ISLANDS-SAUCE

Diese süßsaure Sauce, die in Nordeuropa weit verbreitet ist, wird für gewöhnlich als Salat-Dressing, zu Grillfleisch oder zu Fleischfondue verwendet, sie eignet sich aber auch gut zu Schinken. Sie ist leicht zuzubereiten: Verrühren Sie in einer Schüssel 120 g Mayonnaise light mit einer Prise Pfeffer, einer Prise Chili-Pulver (oder Peperoncino), zwei Eßlöffeln Apfelessig, in denen Sie zuvor etwas Zucker aufgelöst haben. Geben Sie einen Eßlöffel gehackte Zwiebeln hinzu und vermengen Sie alles gut. Im Kühlschrank aufbewahren.

andere Brotsorten
Baguette, Fladenbrot, weißes Landbrot

Variante
Parmaschinken anstelle des Culatello

Getränke
Junger Rotwein: Chianti, Sangiovese Bier: Weizenbier

Culatello mit Schinkenpaste und Knoblauchbutter

Zutaten

- 2 SCHEIBEN ROGGENBROT
- 50 G CULATELLO IN SCHEIBEN
- 20 G ROBIOLA-FRISCHKÄSE
- 2 ESSLÖFFEL KNOBLAUCHBUTTER
- 20 G SCHINKENPASTETE
- 2 BLÄTTER ENDIVIEN-SALAT
- WHISKY
- OLIVENÖL (KALTGEPRESST)
- SALZ

◆ Den Robiola und die Schinkenpastete mit einer Gabel in einer Schale zu einer weichen und homogenen Masse verrühren; jeweils einen Teelöffel Öl und Whisky untermischen und sorgfältig verrühren. ◆ Anschließend die Brotscheiben mit der Knoblauchbutter bestreichen, dann eine davon mit

der cremigen Robiola-Schinken-Masse, dem Culatello und den Salatblättern beschichten und mit der anderen Brotscheibe abdecken.

andere Brotsorten
*Vollkornbrot,
Getreidemischbrot,
Sojabrot,
Kartoffelbrot*

Variante
*Leberpastete anstelle
von Schinkenpastete*

Getränke
*spritzige
Weiß- und Rotweine:
Ortrugo, Creatina,
Prosecco, Lambrusco
Bier: Pilsner*

KNOBLAUCHBUTTER

Davon sollten Sie stets einen Vorrat im Haus haben, denn mit ihrem delikaten und süßen Geschmack kann Knoblauchbutter praktisch jedes Panini verfeinern.

Lassen Sie vier gehäutete Knoblauchzehen in kochendem Salzwasser garen und drücken Sie sie anschließend mit einem Holzlöffel durch ein Sieb. Nehmen Sie eine Gabel und vermischen Sie das Knoblauchpüree mit 125 g weicher Butter. Im Kühlschrank aufbewahrt hält sich Knoblauchbutter einige Tage. Wenn Sie es schärfer mögen, können sie auch zwei frische Zehen mit einer Knoblauchpresse ausdrücken.

Culatello-Schinken mit Kaperncreme

Zutaten

- 2 SCHEIBEN LANDBROT
- 50 G CULATELLO IN SCHEIBEN
- 2 ESSLÖFFEL IN SALZ EINGELEGTE KAPERN
- EIN TEELÖFFEL BALSAMICO-ESSIG (VORZUGSWEISE AUS MODENA)
- 2 ESSLÖFFEL FRISCHKÄSE (TYP PHILADELPHIA)
- EIN PAAR BLÄTTER FELDSALAT
- EIN BUND PETERSILIE
- OLIVENÖL (KALTGEPRESST)

◆ Die Kapern in warmem Wasser entsalzen und trocknen und mit der feingewiegten Petersilie in einer Schüssel mit dem Käse, einem Teelöffel Öl und dem Balsamico-Essig zu einer cremig-festen Masse verrühren. ◆ Die Brotscheiben nur auf einer Seite toasten, eine nicht getoastete Seite mit der ganzen Cre-

*In Essig eingelegte
Kapern mit Stiel*

me bestreichen. ◆ Anschließend darauf die Culatello-Scheiben schichten und mit den Salatblättern garnieren. Zum Schluß mit der leicht eingeölten anderen Brotscheibe zudecken.

andere Brotsorten
*Ciabatta,
Weißbrot*

Variante
*Apfelessig statt Balsamico, Bresaola oder
Bündner Fleisch statt
Culatello*

Getränke
Trockener Sekt

KAPERN

Nicht jeder weiß, daß Kapern Blumen sind ... die allerdings noch knospen. Die Knospen des Kapernstrauchs werden an den Küsten des Mittelmeers im Frühjahr vor der Blüte gepflückt und in Salz oder in einer Lake eingelegt. Die zu Sizilien gehörende Insel Pantelleria ist die traditionelle Heimat der Kapern, die noch heute von den Bauern mit der Hand geerntet werden. Die kleinsten Knospen sind dabei die schmackhaftesten, die größeren dafür delikat und knusprig. Vor dem Gebrauch empfiehlt es sich, die Kapern aus der Lake unter fließendem Wasser zu waschen, die in Salz eingelegten kurz in einem Topf mit warmem Wasser zu entsalzen.

EMPFEHLUNG
Sie können die Kaperncreme noch verfeinern, indem Sie gehackte und kurz im Backofen geröstete Pinienkerne untermischen.

57

Mocetta
mit Spargelcreme

Zutaten

- 2 SCHEIBEN GETREIDEMISCHBROT
- 50 G MOCETTA (GEMSENSCHINKEN) IN SCHEIBEN
- 3 TEELÖFFEL SPARGELCREME
- 3 EINGELEGTE SPARGELSPITZEN
- 1 TEELÖFFEL COGNAC
- JUNGER PARMESAN

◆ Die Spargelcreme in eine Schüssel geben und mit dem Cognac verrrühren. ◆ Die Brotscheiben von einer Seite toasten und eine davon mit der aromatisierten Spargelcreme bestreichen. ◆ Einige Blättchen vom Käse hobeln (am besten mit dem Kartoffelschäler) und auf dem bestrichenen Brot verteilen, darauf den fein geschnittenen Wildschinken. ◆ Zum Schluß das Ganze mit den (gut abgetropften) Spargelspitzen garnieren und das Panino mit der anderen Brotscheibe zudecken.

SPARGELCREME

Für diese Creme aus frischem Spargel werden 200g Spargel – die zarteren Partien der Stengel mit den Spitzen – zuerst in kochendem Salzwasser gegart, abgegossen und getrocknet, dann in einer Pfanne mit etwas Öl und gehackten Schalotten gewendet und schließlich mit kräftiger Brühe abgelöscht und mit Salz und Pfeffer abgeschmeckt. Wenn der Spargel abgekühlt ist, wird er im Mixer zusammen mit einem Eßlöffel Öl, zwei Teelöffeln Pinienkernen und zwei Eßlöffeln geriebenem Parmesan verrührt. Im Kühlschrank aufbewahrt hält sich die Creme einige Tage.

WILDSCHINKEN (MOCETTA)

Aus dem Aostatal stammt dieser schmackhafte Schinken, der traditionell auf dunklem, mit Butter und Honig bestrichenem Brot gegessen wird. Neben der 3-4 Monate lang abgehängten Gemsenkeule kommen aus dem Aostatal auch Ziegen- und Rinderschinken in den Handel; die ausgefallenste Sorte, der Steinbockschinken, wird nicht mehr hergestellt, seit der Steinbock geschützt ist. Wildschinken hält sich bis zu einem Jahr, neigt allerdings dazu, hart zu werden. Am besten bewahrt man ihn in einem mit Wein befeuchteten Tuch eingewickelt im Kühlschrank auf.

andere Brotsorten
Roggenbrot,
Schwarzbrot
(nicht aufwärmen)

Variante
Montasio oder milden
toskanischen Pecorino
statt Parmesan;
Wildschweinschinken
statt Mocetta

Getränke
fruchtiger Weißwein:
Chardonnay

Bresaola
mit Gorgonzola-Creme

Zutaten

- EIN BAGUETTEBRÖTCHEN
- 50 G BRESAOLA IN SCHEIBEN
- 20 G GORGONZOLA
- 2 ESSLÖFFEL GRIECHISCHER JOGHURT
- 1 TEELÖFFEL MARSALA
- ETWAS SCHNITTLAUCH
- EIN RADIESCHEN
- OLIVENÖL (KALTGEPRESST)

◆ Eine Scheibe Käse in Würfelchen schneiden, in eine Schüssel geben und mit einer Gabel zerdrücken; unter Zugabe des Joghurts und des Marsala cremig rühren, dann den Schnittlauch – am besten mit der Schere – kleingeschnitten untermischen. ◆ Das Brötchen in zwei Hälften teilen und die Innenseiten toasten. ◆ Die eine Hälfte mit der Gorgonzola-Creme bestreichen, mit den Bresaolascheiben und dem in dünne Scheibchen geschnittenen Radieschen

beschichten. ◆ Das Panino mit der anderen Hälfte, die Sie zuvor leicht eingeölt haben, wieder schließen.

BRESAOLA

Dieses luftgetrocknete Rindfleisch aus dem Veltlin läßt sich am ehesten mit dem Bündner Fleisch vergleichen. Das äußerst magere Fleisch, das ganze 219 Kalorien pro 100 g liefert, duftet zart nach Zimt, Gewürznelken und Knoblauch. Traditionell wird es zwar gut abgehängt in dicken Scheiben mit Öl und Schalotten mariniert, doch mittlerweile wird es zumeist wie Schinken in dünneren Scheiben verzehrt und mit Öl, Pfeffer sowie ein wenig Zitrone angemacht. Im Veltlin werden auch ausgefallene Bresaola-Sorten aus Pferde- und Hirschfleisch hergestellt, die in Rotwein einlegt werden. Sie sind zwar überaus zart, dafür aber weniger aromatisch und werden jung verzehrt.

andere Brotsorten
Ciabatta,
Landbrot

Variante
Roquefort
anstelle von
Gorgonzola

Getränke
Fülliger Rotwein:
Brunello,
Amarone
Bier: Strong Ale

Bresaola
mit Palmenherzcreme

Zutaten

- EIN BAGUETTEBRÖTCHEN
- 50 G BRESAOLA IN SCHEIBEN
- 2 ESSLÖFFEL ZIEGENFRISCHKÄSE
- EIN HALBES EINGELEGTES PALMENHERZ
- EIN PAAR BLÄTTER RUCOLA-SALAT
- WODKA
- ZITRONENSAFT
- OLIVENÖL (KALTGEPRESST)
- SALZ
- PFEFFER

◆ Den Ziegenfrischkäse mit einer Gabel cremig verrühren, mit ein paar Tropfen Wodka und wenig Salz und Pfeffer abschmecken. ◆ Das gut abgetropfte Palmenherz in kleine Scheibchen schneiden und mit etwas Zitrone unter die cremige Masse rühren. ◆ Das Brötchen aufwärmen, halbieren, die eine Hälfte mit der Creme aus Ziegenfrischkäse und Palmenherz-

Die Palmenherzen kommen in kleinen Stangen auf den Markt.

stückchen bestreichen, die Bresaola-Scheiben darauf schichten. ◆ Zum Schluß garnieren Sie das Ganze mit den Rucola-Blättern und schließen das Panino mit der anderen Hälfte des Brötchens.

andere Brotsorten
Ciabatta, Cocktailbrötchen, Sojabrötchen

Variante
statt Ziegenfrischkäse anderen streichfähigen Frischkäse

Getränke
Rotwein: Merlot, Valpolicella Bier: Lager

PALMENHERZEN

Sie kommen aus den Tropen und werden aus dem Mark von Palmenblättern gewonnen, das in kleinen weißen Stangen ausgeschnitten wird. Sie sind von faseriger Konsistenz und erinnern im Geschmack an die Artischocke. In den 60er Jahren wurden sie in den Restaurants noch als exotische Novität in Vinaigrette oder Mayonnaise als Vorspeise angeboten, heute findet man sie eingelegt in jedem Supermarkt. Palmenherzen haben sich als Zutaten für belegte Brote bewährt, insbesondere in Verbindung mit rohem Schinken, dessen Würze sie abmildern. Ihren Geschmack entfalten sie am besten roh und mit ein wenig Zitrone angesäuert.

Gepökeltes Zwiebelfleisch in Cocktailsauce

Zutaten
- ZWEI SCHEIBEN ROGGENBROT
- 60 G PÖKELFLEISCH (GESCHNITTEN)
- EIN VIERTEL EINER ROTEN ZWIEBEL
- 2 ESSLÖFFEL COCKTAILSAUCE
- EIN PAAR BLÄTTER RUCOLA-SALAT

◆ Halten Sie die geviertelte Zwiebel einige Minuten lang unter kaltes Wasser, dadurch verliert ihr Geschmack an Schärfe, und sie wird bekömmlicher. ◆ Das Pökelfleisch haschieren, zwei Scheiben beiseite stel-

len; die trocken getupfte Zwiebel kleinhacken. In einer Schüssel Zwiebel und Fleisch mit der Cocktailsauce vermengen. ◆ Eine Brotscheibe mit dem ungehackten Pökelfleisch belegen, mit der Sauce bestreichen und den Rucola-Blättern garnieren. Mit der zweiten Brotscheibe abdecken. ◆ Einen feineren Geschmack können Sie mit Landbrot erzielen, das Sie vorher aber aufwärmen sollten.

andere Brotsorten
Vollkorn,
Weißbrot

Variante
Culatello oder Bresaola
statt Pökelfleisch;
Thunfischsauce
anstelle von
Cocktailsauce

Getränke
Rotwein:
Bardolino, Chiaretto
Bier: Weizen

PÖKELFLEISCH

In Südtirol und in den Tälern im Norden des Gardasees pflegt man Pökelfleisch einfach in Butter gewendet oder roh mit Öl und Zitrone wie den Bresaola zu essen. Es wird aus Rindfleisch, Kalbszunge oder aus Pferdeschenkelfleisch hergestellt und ist nach einer Lagerung von etwa einem Monat in speziellen Holzbehältern in einer Marinade aus mediterranen (Rosmarin, Lorbeer, Knoblauch, Pfeffer) und alpinen (Ginster, Zimt) Gewürzen für den Verzehr bereit.

I-TÜPFELCHEN
Geben Sie zur Cocktailsauce neben der Zwiebel auch ein paar eingelegte rosa Pfefferkörner.

Schinkenspeck
mit Apfel-Kohl-Salat

Zutaten
- EIN KÜMMELBRÖTCHEN
- 70 G SCHINKENSPECK IN SCHEIBEN
- ROT- UND WEISSKOHL, KLEINGESCHNITTEN
- EIN VIERTEL VON EINEM GRÜNEN APFEL, ENTKERNT
- APFELESSIG
- EIN ESSLÖFFEL SENF
- KÜMMEL
- 2 ESSLÖFFEL OLIVENÖL (KALTGEPRESST)

◆ Zunächst wird die Vinaigrette vorbereitet. Man vermischt das Öl mit einem Teelöffel Apfelessig, dem Senf und einer Messerspitze Kümmel, bis eine cremige Sauce entsteht. ◆ Dann mengt man eine Handvoll von dem geschnittenen Kohl unter die Sauce und läßt alles einige Minuten ziehen, gibt anschließend das hauchdünn ge-

schnittene Apfelviertel dazu und verrührt das
Ganze. ◆ Das Brötchen in zwei Hälften teilen
und die Innenseiten aufwärmen. Die eine Hälfte mit einem Teil des Salats, den Schinkens-
peckscheiben und dem Rest des Salats schicht-
weise belegen und mit der anderen Brothälfte
abdecken.

andere Brotsorten
Landbrot,
Vollkornbrot, Ciabatta

Variante
Eine fein geschnittene
rote Zwiebel statt Rot-
kohl; Wildschwein-
schinken anstelle
von Schinkenspeck

✿ SCHINKENSPECK

In Südtirol wird diese Spezialität unter Einhaltung strengster Kriterien für Auswahl und
Schnitt der Schweinekeule, Pökeln, Würzen und
Räuchern bei einer mindestens 22 Wochen langen
Reifung hergestellt.
Der Schinkenspeck darf weder einen hohen Fettanteil noch eine allzu breite Schwarte aufweisen,
er darf nicht nachgiebig in der Konsistenz und
nicht zu scharf gewürzt sein. Man sollte ihn zum
Verzehr nicht sehr dünn schneiden und die schüt-
zende Schwarte erst
im letzten Augenblick
entfernen. Wenn
er im Kühl-
schrank auf-
bewahrt wird, sollte
er einige Zeit vor
dem Essen her-
ausgeholt wer-
den und sich auf Zim-
mertemperatur er-
wärmen.

Getränke
junger Rotwein:
Terlano,
Chiaretto del Garda
Bier: Lager, Pilsner

WUSSTEN SIE, DASS
der säuerliche und
leicht süße Geschmack
des grünen Apfels
einen angenehmen
Kontrast zur herz-
haften Würze von
rohem Schinken
bildet?

67

Schinkenspeck
mit Steinpilzcreme

Zutaten
- EIN BAGUETTEBRÖTCHEN
- 50 G SCHINKENSPECK IN SCHEIBEN
- 30 G CAMOSCIO D'ORO (WAHLWEISE CAMEMBERT)
- 3 TEELÖFFEL STEINPILZCREME
- 2 ESSLÖFFEL TRÜFFELBUTTER
- EIN PAAR SPINATBLÄTTER

EMPFEHLUNG
Wenn Sie ein Sandwicheisen besitzen, können Sie dieses Brötchen mitsamt Füllung darin aufwärmen und anschließend mit knackigen Spinatblättern garnieren.

◆ Das Brot halbieren und auf der Innenseite anwärmen. ◆ Die Butter cremig verrühren und auf das Brot streichen. ◆ Darauf zunächst zwei Scheiben Käse schichten, einen Teelöffel Steinpilzcreme auftragen und mit dem Schinkenspeck belegen; darauf zwei weitere Käsescheiben schichten und abermals mit der Creme bestreichen. ◆ Das Ganze mit den Spinatblättern garnieren und das Panino wieder zusammensetzen.

STEINPILZCREME

Im Handel sind zwar recht gute Pilzpasteten erhältlich, aber wenn Sie etwas Zeit übrig haben, sollten Sie sich das Vergnügen nicht nehmen lassen, sie selbst zu machen. Dazu bräunen Sie zwei Knoblauchzehen mit etwas Olivenöl in der Pfanne, entfernen sie und geben 300 g gereinigte und grob zerkleinerte Steinpilze hinein. Diese werden sautiert, mit etwas Brühe abgelöscht und mit wenig kleingehackter Petersilie, Salz und Pfeffer abgeschmeckt. Nehmen Sie die Pilze von der Flamme, wenn sie zu zerfallen beginnen und lassen Sie sie abkühlen, bevor sie im Mixer püriert werden. Um die Konsistenz der Creme zu erhöhen, rühren Sie in einer Schüssel einen Teelöffel Robiola-Frischkäse und einen Teelöffel geriebenen Parmesan unter. Im Kühlschrank aufbewahrt hält sie sich einige Tage.

andere Brotsorten
*Getreidemischbrot,
Sojabrot,
Sesambrot*

Variante
*Parmaschinken
anstelle von
Schinkenspeck*

Getränke
*junger Rotwein:
Grignolino,
Refosco
Bier: Weizenbier*

Gekochter Schinken und Artischockencreme mit Basilikum

Zutaten
- EIN KARTOFFELBRÖTCHEN
- 50 G GEKOCHTER SCHINKEN IN SCHEIBEN
- 40 G ZIEGENFRISCHKÄSE
- EIN ARTISCHOCKENHERZ
- EIN PAAR BLÄTTER BASILIKUM
- 2 SCHEIBEN TOMATEN
- OLIVENÖL (KALTGEPRESST)

◆ Den Ziegenfrischkäse mit einer Gabel zu einer cremigen Masse verrühren und gehacktes Basilikum untermischen. Das Artischockenherz zerkleinern und dazugeben, das Ganze mit ein wenig Öl geschmeidig machen.

◆ Das Brötchen halbieren und die Innenseiten aufwärmen.

◆ Beide Hälften mit der

Artischockencreme bestreichen, eine davon mit dem Schinken belegen. ◆ Mit den Tomatenscheiben und einigen Basilikumblättern garnieren und das Panino mit der anderen Hälfte wieder zusammensetzen.

andere Brotsorten
*Ciabatta, Baguette,
Landbrot*

Variante
*griechischer Joghurt
statt Ziegenfrischkäse;
Putenbraten anstelle
von gekochtem
Schinken*

Getränke
*spritzig-würziger
Weißwein:
Müller-Thurgau
Bier: Lager*

GEKOCHTER SCHINKEN

Wie der rohe Schinken sollte auch der gekochte aus magerem Fleisch mit Fett am Rand sein. Mit seinem zarten Geschmack paßt er besonders gut zu Pasteten auf Fischbasis (Thunfisch, Krabben, Forelle). Der beste kommt aus der Provinz Parma, doch mittlerweile wird er in ganz Italien hergestellt. Dazu wird die Schweinekeule in einer würzigen Lake eingelegt und mit Dampf gekocht. Genauso wird übrigens aus den Vorderteilen des Schweins ein qualitativ minderwertiger Schinken produziert, den der Laie leicht mit Kochschinken verwechselt; es handelt sich um die viereckige „Schulter", die lediglich in San Secondo, in der Gegend von Bassa, wo sie 2 bis 3 Monate lang abhängen muß, in einen echten Leckerbissen verwandelt wird.

I-TÜPFELCHEN
Sie können das Aroma der Artischocken-Basilikum-Creme intensivieren, indem Sie einige Tropfen Tabasco hinzugeben.

Gekochter Schinken mit Lachscreme

Zutaten

- EIN KARTOFFELBRÖTCHEN
- 50 G GEKOCHTER SCHINKEN IN SCHEIBEN
- 2 ESSLÖFFEL ROBIOLA-FRISCHKÄSE
- 2 ESSLÖFFEL KONSERVIERTER LACHS
- 2 SCHEIBEN TOMATEN
- EIN PAAR BLÄTTER FELDSALAT
- ETWAS FRISCHER MAJORAN
- OLIVENÖL (KALTGEPRESST)
- PFEFFER

◆ Den Lachs in einer Schale mit einer Gabel zerdrücken, den Frischkäse und (für die Geschmeidigkeit) einen Teelöffel Öl dazugeben und zu einer cremig-festen Masse verrühren. ◆ Das Ganze mit dem Majoran sowie dem frisch gemahlenen Pfeffer würzen und eine Weile ziehen lassen. ◆ Das Brötchen halbieren und auf der Innenseite anwärmen. ◆ Die eine

Hälfte des Brötchens mit der Creme bestreichen und mit den Schinkenscheiben belegen; darauf zunächst den Feldsalat verteilen, dann die Tomatenscheiben. ◆ Schließlich das Ganze mit der anderen Hälfte des Brötchens, die Sie zuvor leicht eingeölt haben, wieder zudecken.

andere Brotsorten
*Maisbrot, Cocktailbröt-
chen, Milchbrötchen*

Variante
*im eigenen Saft
konservierter Thun-
fisch statt Lachs;
Prager Schinken
anstelle von gekochtem
Schinken*

Getränke
*schlanker Weißwein:
Lugana
Bier: Lager, Pilsner*

KARTOFFELBROT

Auf dem Lande wußte man schon immer aus der Not eine Tugend zu machen, so auch im Falle des Kartoffelbrots, bei dem Kartoffeln das Mehl ersetzen. Wegen seines herzhaften Geschmacks ist es heute wieder gefragt. Die Zubereitung ist einfach: Mischen Sie 300 g Weißmehl und 100 g Roggenmehl und drücken Sie in die Mitte der Mischung eine Mulde; lösen Sie 30 g zerkrümelte Hefe in einem halben Glas lauwarmer Milch mit einem Teelöffel Zucker auf, und gießen Sie sie in die Mehlmulde. Geben Sie eine Prise Salz, ein Ei, ein Glas Milch und 150g gekochte, kleingeschnittene Kartoffeln hinzu. Kneten Sie alles so lange, bis Sie einen dehnbaren Teig erhalten, den Sie mit einem Tuch bedeckt 15 Minuten an einem warmen Ort gehen lassen. Rollen Sie aus der Teigmasse aprikosengroße Kugeln, kerben Sie ein Kreuz in die obere Seite, die mit geschlagenem Ei bepinselt wird, und verteilen Sie die Teigkugeln auf ein mit Kleie bestreutes Backblech. 30 Minuten lang bei 180° backen.

Prager Schinken mit mildem Senfaufstrich

Zutaten
- EIN BRÖTCHEN MIT SONNENBLUMENKERNEN
- 60 G PRAGER SCHINKEN
- 3 ESSLÖFFEL FIOR DI CERTOSA (WAHLWEISE FROMAGE BLANC ODER SCHICHTKÄSE)
- 2 TEELÖFFEL MILDER SENF
- WEISSER PORTWEIN
- SCHNITTLAUCH
- 2 ZARTE BLÄTTER RÖMERSALAT
- OLIVENÖL (KALTGEPRESST)
- PFEFFER
- SALZ

◆ Ein paar Stengel Schnittlauch kleingeschnitten in einer Schüssel mit dem Käse, einer Prise Salz und Pfeffer verrühren. Anschließend den Senf, einen Teelöffel Portwein und einen Teelöffel Öl nach und nach untermischen. Das Ganze einige Minuten ruhen lassen. ◆ Zwei Scheiben Schinken kleinhacken und zu der vorbereite-

*Ein Bund
Schnittlauch*

ten Senfcreme geben. ◆ Das Brötchen halbieren, beide Hälften mit
der cremigen Masse bestreichen, die
eine mit dem übrigen Schinken belegen und den Salatblättern garnieren,
mit der anderen Hälfte abdecken.

andere Brotsorten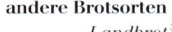
Landbrot

Variante
*Gehackte Coppa
anstelle von gehacktem
Prager Schinken*

Getränke
*würziger Weißwein:
Sauvignon und Müller-
Thurgau aus Südtirol
Bier: Bockbier,
englisches Ale*

PRAGER SCHINKEN

Traditionell wird dieser Schinken in Räucherkam-
mern über der Glut von Dufthölzern gekocht. Diese böhmische Spezialität wurde bereits zur Zeit
des Kaiserreichs von Österreich-Ungarn nach
ganz Europa exportiert und fand überall großen
Anklang. Der heute in Gastronomie und Handel
erhältliche sogenannte Prager Schinken ist allerdings ein gewöhnlicher gekochter Schinken mit
einer kaum wahrnehmbaren
Rauchnote.

EMPFEHLUNG
*Zerhacken Sie den
Schnittlauch nicht mit
dem Messer, denn auf
diese Weise geht der
Saft in den Stengeln
verloren. Um das Aro-
ma optimal zu erhal-
ten, schneiden Sie ihn
mit der Schere klein.
Wenn Sie Schnittlauch
selber ziehen, beden-
ken Sie, daß er mit der
ersten Blüte sein
Aroma verliert.*

Prager Schinken mit Leber- pastete und Camembert

Zutaten
- EIN STÜCK BAGUETTE
- 50 G PRAGER SCHINKEN IN SCHEIBEN
- 30 G LEBERPASTETE
- 30 G CAMEMBERT (CAPRICE DES DIEUX)

◆ Das Brot halbieren und auf der Innenseite aufwärmen; je fester die Krume getoastet wird, desto leichter gelingt die folgende Beschichtung. ◆ Zuerst die untere Brothälfte mit Käsescheiben belegen, darauf den Schinken verteilen. ◆ In einer Schüssel die Pastete mit der Gabel cremig rühren, die andere Brothälfte damit bestreichen und das Baguette wieder zusammensetzen.

EMPFEHLUNG
Die Leberpastete können Sie mit gehackten eingelegten schwarzen Trüffeln oder einem Teelöffel Trüffelpaste verfeinern.

„PANINO GIUSTO"

Dieses Rezept ist eine Hommage an den berühmten „settebello" aus der Bäckerei „Il Panino Giusto", die 1979 in Mailand eröffnet wurde. Das dortige Angebot an ausgesuchten und üppigen Panini-Füllungen verwandelte zuvor unbeachtete Käse- und Wurstsorten in lokale Spezialitäten. Aus Saucen und Pasteten wurden opulente Cremes kreiert, eine ganze Kultur reichhaltiger Zutaten kam in Mode, die seitdem aus der italienischen Gastronomie nicht mehr wegzudenken ist.

andere Brotsorten
Baguettebrötchen, weißes Kastenbrot, Sojabrot

Variante
Camoscio d'Oro anstelle von Camembert; Puten- oder Schweinebraten statt Prager Schinken

Getränke
aromatischer Weißwein: Tocaj aus dem Friaul, Pinot Bianco aus Südtirol Bier: Pilsner

Coppa mit Paprikagemüse und Thunfischbutter

Zutaten

- EIN BAGUETTEBRÖTCHEN
- 50 G COPPA IN SCHEIBEN
- 30 G THUNFISCH IN ÖL
- 30 G BUTTER
- 3 STREIFEN PAPRIKA (GERÖSTET, IN ÖL EINGELEGT)
- EIN BUND GEHACKTE PETERSILIE
- EINE HALBE SARDELLE IN ÖL
- OLIVENÖL (KALTGEPRESST)

◆ Die Sardelle gut abtropfen lassen und mit der Gabel in einer Schüssel zerdrücken, den Thunfisch dazugeben und vermengen, schließlich die weiche Butter beimischen und das Ganze zu einer cremigen Masse verrühren (mit etwas Mascarpone können Sie sie geschmeidiger machen). ◆ Die Petersilie feinwiegen und zur Creme hinzufügen. Das Brötchen halbieren und mit der Thunfischbutter bestreichen, auf die

eine Hälfte erst die Coppa und dann die (abgetropften) Paprikastreifen schichten, mit der anderen Hälfte des Brötchens zudecken.

andere Brotsorten
Toskanabrot,
Ciabatta

Variante
Getrocknete und in Öl
eingelegte Tomaten
anstelle von Paprika;
magerer Bauchspeck
(zusammengerollt)
statt Coppa

Getränke
junger Rotwein:
Barbera, Gutturnio
Bier: Weizenbier

✪ COPPA

Diese schmackhafte Schinkenwurst wird in der gesamten Poebene hergestellt, stammt aber ursprünglich aus der Gegend von Piacenza, wo eine leichte Brise vom nahen ligurischen Meer die Reifung (6 bis 12 Monate) nicht unwesentlich beeinflußt. Im Erscheinungsbild fallen die mageren „Augen" auf, die wie Inseln im Fett schwimmen. Da die Coppa schnell trocknet, sollten Sie die Scheiben in einem weingetränkten Tuch im unteren Bereich des Kühlschranks aufbewahren.

I-TÜPFELCHEN
Ein Teelöffel feinge-
wiegte rote Zwiebel ver-
leiht der Thunfischbutter
eine angenehm süße
Geschmacksnote.

Coppa mit Schmelzkäse und Selleriesauce

Zutaten

- EIN STÜCK BAGUETTE
- 50 G COPPA
- 20 G FONTINA
- 10 G SCHWEIZER EMMENTALER
- KNOLLENSELLERIE
- 2 ESSLÖFFEL MAYONNAISE
- 3 SCHEIBEN TOMATEN

◆ Den Sellerie grob raspeln (2 Eßlöffel) und in einer Schüssel mit der Mayonnaise vermengen. ◆ Teilen Sie nun das Panino und belegen Sie die eine Hälfte gleichmäßig mit dünnen Scheibchen Schweizer Emmentaler und Fontina. ◆ Danach stellen Sie das Brot so lange in den Backofen, bis der Käse ge-

schmolzen ist. ◆ Nun schichten Sie die Coppa auf das Brot mit dem Käse, bestreichen das Ganze mit der Selleriesauce und decken es mit den Tomatenscheiben ab ◆ Zum Abschluß dann die andere Hälfte des Panino wieder aufsetzen.

andere Brotsorten
Toskanabrot,
Landbrot

Variante
Culatello oder
Parmaschinken
statt Coppa

Getränke
Weißwein: Gavi,
Chardonnay
Bier: Weizenbier,
Pilsner

KNOLLENSELLERIE

Hierbei handelt es sich um die Wurzelknolle einer Zuchtform des Sellerie. Der Knollensellerie ist erkennbar an seiner kugeligen Form und ähnelt im Geschmack dem Bleichsellerie. Geraspelt wird er mit einfachen Vinaigrettes ebenso wie mit Mayonnaisen oder Tatarsaucen angemacht und hat sich als Vorspeise ebenso bewährt wie zu Schinken oder kaltem Braten. Die in Essig eingelegte Variante hat einen intensiven Geschmack, den Sie leicht abschwächen können, indem Sie den Sellerie kurz unter fließendes Wasser halten.

WUSSTEN SIE, DASS
es fertiges Käsefondue
im Handel gibt? Ver-
wenden Sie es ruhig
für Ihre belegten Brote,
es schmeckt sowohl
kalt als auch warm.

Bauchspeckröllchen mit kleinem Salat

Zutaten

- EIN SESAMBRÖTCHEN
- ZWEI NICHT ZU DÜNNE SCHEIBEN BAUCHSPECK
- 30 G PARMESAN
- ZWEI ZARTE BLÄTTER KOPFSALAT
- EINE KLEINE MÖHRE
- EIN STÜCK FENCHEL
- EIN HALBES SARDELLENFILET IN ÖLMARINADE
- MILDER SENF
- ÖL
- PFEFFER

◆ Bereiten Sie zunächst eine Vinaigrette vor, indem Sie einen Teelöffel Öl mit einem Eßlöffel mildem Senf vermischen; rühren Sie die Sardelle und einen Schuß Pfeffer hinzu. ◆ Schneiden Sie den Fenchel möglichst dünn und hobeln Sie mit dem Kartoffelschäler einige dünne, breite Streifen von der Möhre. ◆ Nun wird das Gemüse mit der Vinaigrette ver-

BAUCHSPECK

Bauchspeck (pancetta) wird in Italien überall und auf jede erdenkliche Weise hergestellt. In der Regel gewinnt man das Fleisch aus Schweinebauch, der kurz in Salz bzw. lange mit Gewürzen getrocknet und anschließend geräuchert wird. Bauchspeck kann dabei sehr mager ausfallen wie der toskanische „rigatino" oder ziemlich fetthaltig wie der „guanciale" aus Latium. Die mageren Pancette werden gerollt und wie Salami geschnitten. Die schmackhafteste Variante ist, den Bauchspeck um ein Stück Coppa zu rollen; diese „pancetta coppata" erkennt man an dem großen mageren Kernstück.

mengt und in der Mitte der Salatblätter aufgetragen. Geben Sie den zu dünnen Streifen gehobelten Käse hinzu und wickeln Sie das Ganze
mit den Bauchspeckscheiben ein, sodaß zwei
Röllchen entstehen. ◆ Halbieren Sie das Brot –
Sie können es auch aufwärmen, wenn Sie mögen –, füllen Sie es mit den Röllchen und setzen Sie es wieder zusammen.

andere Brotsorten
Milchbrötchen

Variante
*Mayonnaise anstelle
von Senf;
Coppa statt
Bauchspeck*

Getränke
*Weißwein, lieblich-
schlank: Albana,
Pignoletto
oder spritzig: weißer
Lambrusco
Bier: Weizenbier*

Bauchspeck mit Sprossensalat

Zutaten

- EIN MILCHBRÖTCHEN
- 50 G MAGERER BAUCHSPECK
- 2 ESSLÖFFEL SOJASPROSSEN
- 2 NÜSSE
- EIN PAAR SPINATBLÄTTER
- SÜSSE SOJASAUCE
- APFELESSIG
- ÖL

◆ Bereiten Sie eine Vinaigrette aus 2 Teelöffeln Sojasauce, 2 Teelöffeln Essig und einem Eßöffel Öl, die gut verrührt werden muß. ◆ Zerkleinern Sie die Nußkerne, geben Sie sie mit den Spinatblättern und den Sprossen in eine Schüssel, gießen Sie die Vinaigrette darüber und mischen Sie alles gut durch. ◆ Halbieren Sie das Brötchen und belegen Sie die untere Hälfte mit den Bauchspeckscheiben; verteilen Sie mit einer Gabel den Salat, von dem Sie die Vinaigrette abtropfen lassen, darüber, und decken Sie das Panino mit der anderen Hälfte zu. ◆ Wenn Sie mögen, können Sie das Brot auch erwärmen.

I-TÜPFELCHEN
Mit einigen Granat-
apfelkernen oder
einigen dünnen Schei-
ben eines grünen Apfels
in dem Sprossensalat
können Sie einen
angenehmen
geschmacklichen
Kontrast erzielen.

MILCHBRÖTCHEN

Dieses Brot, das sich besonders für Buffets eignet, kann man auch leicht zu Hause zubereiten.
Lösen Sie in einem halben Glas mit lauwarmer Milch
25 g zerkrümelte Bierhefe und einen Teelöffel
Zucker auf. Häufen Sie auf einem Küchenbrett
500 g Mehl kreisförmig mit einer Vertiefung in der
Mitte auf, in die Sie die Hefe gießen, zusammen
mit 10 g Salz, 70 g weicher Butter und 1/4 Liter
lauwarmer Milch. Kneten Sie das Ganze kräftig
durch, bis der Teig Blasen wirft und lassen Sie ihn
eine halbe Stunde mit Mehl bestreut unter einem
Tuch ruhen. Formen Sie kleine Brötchen aus dem
Teig und setzen Sie sie in ausreichendem
Abstand auf das geölte Backblech
zum Aufgehen; wenn sie das
Doppelte ihres Umfangs
erreicht haben, mit
geschlagenem Ei
bepinseln und 30 Mi-
nuten bei 250° backen.

andere Brotsorten
Cocktailbrötchen, Nuß-,
Getreidemischbrot

Variante
Sie können auch
Weizensprossen,
Sonnenblumen- oder
Linsensprossen
anstelle von
Sojasprossen
verwenden

Getränke
junger Rotwein:
Sangiovese, Lagrein

Geräucherter Bauchspeck mit Cheddar

Zutaten

- EIN MILCHBRÖTCHEN
- 80 G GERÄUCHERTER BAUCHSPECK IN DICKEN SCHEIBEN
- 30 G CHEDDAR-KÄSE
- EIN HALBES HARTGEKOCHTES EI
- DUNKLER RUM

◆ Vom hartgekochten Ei einige Scheibchen abschneiden und beiseite legen. ◆ Den Bauchspeck in einer Pfanne auf kleiner Flamme braten lassen und mit einem Teelöffel Rum ablöschen. Von der Flamme nehmen, wenn die Speckscheiben knusprig sind. ◆ In der Zwischenzeit das Brötchen halbieren, die untere Hälfte mit dem in Scheiben geschnittenen Käse belegen und beide Hälften kurz im Backofen wärmen. ◆ Sobald der Käse zu schmelzen beginnt, das Brot her-

*Cheddar – ein typisch
englischer Käse.*

andere Brotsorten
*Baguettebrötchen,
Cocktailbrötchen*

Variante
*Beim Käse können Sie
anstelle von Cheddar
auch Gruyère nehmen.*

Getränke
*spritziger Weißwein:
Prosecco
zum Brunch: Kaffee,
Orangensaft*

ausnehmen, den angebratenen Speck, von dem
Sie das überflüssige Fett haben abtropfen lassen, auf den Käse legen und mit den Eierschei-
ben garnieren, die Sie nach Belieben mit etwas
frisch gemahlenem Pfeffer würzen können. Mit
der anderen Brötchenhälfte abdecken.

BRUNCH

Auch in Italien eignet man sich kulinarische Ideen und Zutaten aus anderen Kulturen an, wie in diesem
Fall, wo die klassischen Elemen-
te des englischen Breakfast dem
italienischen Panino buchstäblich einverleibt
werden. Dieses kalorienreiche Rezept eignet sich bestens für die sonntäglichen
Frühstücksrunden, an denen man – am
besten mit Freunden – bis zur Mit-
tagszeit verweilt und beide Mahlzeiten im sogenannten Brunch in-
einander übergehen läßt. Nehmen
Sie hierfür einen geräucherten und
wenig abgehangenen Bauchspeck in
dicken Scheiben mit annähernd gleichen Fleisch- und Fettanteilen.

WUSSTEN SIE, DASS
*der Cheddar ein eng-
lischer Käse ist, der
aus Kuhmilch gewon-
nen wird und eine
harte und elastische
Masse aufweist, deren
süßer Geschmack an
Haselnuß erinnert?
Verwenden sie für die-
ses Rezept jungen
Cheddar, der reife ist
zu scharf dafür. Man-
che Cheddarsorten
weisen auch eine röt-
liche Färbung auf.*

Speck mit Paprikagemüse und Kapern

Zutaten

- 2 SCHEIBEN SCHWARZBROT
- 50 G DICK GESCHNITTENER SPECK
- JE EINE HALBE ROTE UND GELBE PAPRIKASCHOTE
- EINE SARDELLE IN ÖL
- 2 LÖFFEL KAPERN IN ÖL
- EINE HALBE SCHALOTTE
- OLIVENÖL
- SALZ

◆ Die Paprika werden bei starker Flamme angebraten, die Haut läßt sich anschließend um so leichter abziehen; dann werden sie in größere Streifen geschnitten. ◆ In einer Kasserolle werden zwei Teelöffel Öl erhitzt und darin das zerdrückte Sardellenfilet, die Paprika, die dünn geschnittene Schalotte und die gut abgetropften Kapern einige Minuten lang gebraten. Mit etwas Salz abschmecken. ◆ Nun wird eine Scheibe Brot mit dem Speck belegt, darauf das Gemüse verteilt und das Ganze mit der anderen Brotscheibe abgedeckt.

WUSSTEN SIE, DASS man vor dem Einzug des Olivenöls in die Küche Norditaliens Speck als Bratfett verwendete? Noch heute wird ganz fein geschnittener Speck mit Kräutern angeröstet, um Fleischgerichte oder Suppen zu würzen.

SPECK AUS ARNAD UND COLONNATA

Der Speck aus Arnad im Aostatal ist aufgrund seiner geschmeidigen Konsistenz und seiner Kruste aus Salz, Rosmarin, Salbei, Lorbeer und anderen Gewürzen, die dem Schweinefett ein köstliches Aroma verleihen, unter Gourmets zu Recht berühmt. Er wird zur Aufbewahrung an einem Haken aufgehängt und sollte nicht zu dünn geschnitten werden. Auch in Weißwein eingelegt, hält er sich gut. In der Toscana gibt es ebenfalls eine lange Tradition der Speckherstellung, für die vor allem Colonnata (Provinz Massa Carrara) steht, wo das Fett in speziellen Marmorgefäßen durch Schichten von Salz und Kräutern aromatisiert wird. Dieser Speck schmeckt am besten zu „crostini", gerösteten Schnitten aus Toskanabrot, und einem Glas Chianti.

andere Brotsorten
Getreidemischbrot, Nuß-, Land-, Roggenbrot

Variante
anstelle der Kapern 2 entkernte und kleingehackte Oliven

Getränke
fruchtiger Weißwein aus dem Aostatal: Blanc de Morgex et de la Salle, wahlweise Chardonnay aus dem Friaul Rotwein: Chianti Bier: Weizenbier

Mortadella mit kleinem Omelettsalat

Zutaten
- EIN BAGUETTEBRÖTCHEN
- 40 G MORTADELLA IN SCHEIBEN
- EIN EI
- 20 G GERÄUCHERTE SCAMORZA
- EINE KLEINE MÖHRE
- DIE HÄLFTE EINER KLEINEN ZUCCHINI
- ZWEI ESSLÖFFEL BUTTER
- EIN ESSLÖFFEL MILCH
- BALSAMICO-ESSIG
- OLIVENÖL (KALTGEPRESST)
- PFEFFER
- SALZ

◆ In einer Schüssel wird zunächst das Ei mit der Milch und einer Prise Salz verschlagen und in eine kleine erhitzte Pfanne gegeben, in der zuvor die Butter geschmolzen wurde. ◆ Wenn das Omelett fertig ist, lassen Sie es abkühlen, bevor Sie es in Streifen schneiden. Das Gemüse wird gesäubert, kleingeschnitten und mit dem Omelett in einer Schüssel vermischt. ◆ Dann den Salat mit zwei Teelöffeln Öl, ein paar Tropfen Essig, Salz und Pfeffer anmachen. ◆

Halbieren Sie das Brot, bedecken Sie die untere Hälfte erst mit dünn geschnittenen Scamorzascheiben, dann mit der Mortadella, ehe Sie den gut abgetropften Salat darauf verteilen und das Panino mit der oberen Hälfte wieder zudecken.

MORTADELLA

Sie ist die beliebteste italienische Wurstsorte. Die perfekte Harmonie zwischen dem Fett und dem zerkleinerten, gewürzten Fleisch ist für viele ein vollendeter Genuß und ihnen reicht ein einfaches Brot als Zutat. Aber diese für die Emilia-Romagna und natürlich für Bologna so typische Wurst ist, sofern sie aus reinem Schweinefleisch hergestellt wird (es gibt auch minderwertige Mortadella aus gemischtem Schweine-, Rind- und Pferdefleisch), so delikat und vielseitig im Geschmack, daß man sie mit vielen Beilagen – am besten mit knusprigen und sauren – verbinden kann. Entscheidend ist dabei, sie immer ganz frisch zu verzehren, da das Fleisch schnell hart wird. Qualitativ hochwertige Mortadella wird auch in Venetien, dem Piemont und der Lombardei hergestellt.

andere Brotsorten
*Weißbrot,
Bauernvesper*

Variante
*einige Streifen frischer
Paprika statt Möhren
und Zucchini; Pariser
oder gekochten Schin-
ken (auch geräucher-
ten) anstelle der Morta-
della; statt Scamorza
wahlweise auch ge-
räucherter Mozzarella*

Getränke
*spritziger Rotwein:
Lambrusco, Barbera
dei Colli Piacentini
Bier: Lager, Pilsner*

Mortadella mit Crescenza und Gewürzgurken

Zutaten

- EINE PIADINA
- 50 GESCHNITTENE MORTADELLA
- 30 G CRESCENZA
- 2 EINGELEGTE GEWÜRZGURKEN
- 20 G LEBERPASTETE
- 2 ZARTE BLÄTTER LOLLO VERDE

◆ Die Piadina halbieren und beide Hälften auf der Innenseite anwärmen. ◆ Die Gewürzgurken gut abtropfen lassen, kleinhacken und mit dem Schichtkäse zu einer homogenen Creme vermengen. ◆ Zuerst werden beide Brothälften mit der Leberpastete bestrichen, dann wird auf der einen

der Käse mit den Gurken aufgetragen, mit der wellenförmig gerollten Mortadella belegt und den Salatblättern garniert. ◆ Die andere Brothälfte deckt das Ganze ab. Wenn Sie es gern schärfer mögen, streuen Sie etwas Pfeffer auf die Mortadella.

GEWÜRZGURKEN

Die Gurke ist ein Kürbisgewächs, das bereits in der Antike bekannt und beliebt war. Man weiß heute, daß Gurken bereits von den Ägyptern angebaut wurden, von denen Griechen und Römer sie dann übernommen haben. Die in Essig eingelegten Gurkensorten werden noch bevor sie reif sind geerntet, damit sie schön knackig bleiben; in gezuckertem Essig eingelegte Gewürzgurken haben einen deutlichen Geschmack nach Dill. Sie schmecken vorzüglich zu mildem Frischkäse, aber auch zu verschiedenen Schichtkäsesorten.

andere Brotsorten
Fladenbrot, Kastenweißbrot, Baguette

Variante
Robiola, Fromage Blanc oder Schichtkäse anstelle von Crescenza

Getränke
lebhafter, moussierender Rotwein: Lambrusco, Gutturnio (Colli Piacentini) Bier: Lager

Gefülltes Baguette

Zutaten

- EIN STÜCK BAGUETTE
- 40 G PARISER WURST
- 40 G THUNFISCH IN ÖL
- EIN HALBES HARTGEKOCHTES EI
- 3 ESSLÖFFEL SCHICHTKÄSE
  (TYP FIOR DI CERTOSA)
- EIN TEELÖFFEL KLEINGEHACKTE ZWIEBEL
- EIN SARDELLENFILET IN ÖL
- PETERSILIE
- PFEFFER
- SALZ

◆ In einem Mixer werden der Thunfisch und die Sardelle (gut abtropfen lassen), der Frischkäse, die Zwiebel, eine Prise Salz und Pfeffer sowie ein Bund frischer Petersilie zu einer cremigen Masse verrührt. ◆ Das Ei vierteln und beiseite legen. ◆ Das Baguette der Länge nach aufschneiden und möglichst ohne die Kruste zu beschädigen aufklappen; den Großteil der Krume entfernen und die vorbereitete Creme auf die ganze Innenfläche verteilen. ◆ Das Brot mit den Wurstscheiben belegen, ohne daß sie

94

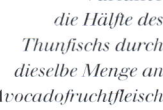

über die Ränder
hängen (das Ba-
guette muß sich
wieder vollkommen
schließen lassen); dann
die restliche Creme mit dem Ei im Innern verteilen und das Brot wieder zusammenklappen.
◆ Stellen Sie es – in Frischhaltefolie gewickelt –
eine halbe Stunde in den Kühlschrank, damit
die Creme fest wird und das Ganze bindet. ◆
Einige Minuten vor dem Verzehr aus dem Kühlschrank nehmen.

**andere
Brotsorten**
*alle Weißbrote
mit weicher
Krume und
knuspriger Kruste*

Variante
*die Hälfte des
Thunfischs durch
dieselbe Menge an
Avocadofruchtfleisch
ersetzen*

Getränke
*spritziger Weißwein:
Prosecco, Verdea
Bier: Pilsner*

IDEAL FÜRS PICKNICK

Dieses Panino eignet sich bestens für Ihr Picknick. Transportieren Sie es in Folie eingewickelt
und gut gekühlt in einer Thermotasche. Mit dem-
selben Verfahren können Sie ein ganzes Baguette
garnieren und auf diese Weise drei bis vier Portionen auf einmal zubereiten oder vor Ort in kleinen Häppchen schneiden, die im übrigen auch sehr
schön anzusehen sind.

PARISER WURST

Die Pariser Wurst findet man in der Lombardei
und in einigen Regionen des Nordens. Es
handelt sich um eine große Wurst aus gekochtem Schweine- und Rindfleisch, die
zart und gelegentlich auch nach Geräuchertem schmeckt.

Würstchen und Bauchspeck mit Senf

Zutaten

- EIN COCKTAILBRÖTCHEN
- 2 DÜNNE WÜRSTCHEN
- SENFPULVER
- 2 ESSLÖFFEL SENF
- EINE SCHEIBE GERÄUCHERTER BAUCHSPECK (30 G)
- EINE HALBE ZWIEBEL
- 2 BLÄTTER RADICCHIO-SALAT

EMPFEHLUNG

Stechen Sie die Würstchen mit einer Gabel an, damit sie während des Grillens nicht platzen.

◆ Die Würstchen werden der Länge nach halbiert, mit Senfpulver bestreut und zusammen mit dem Bauchspeck unter mehrmaligem Wenden auf einer Grillplatte geröstet. ◆ Jetzt wird das Brötchen aufgeschnitten und beide Innenseiten werden mit dem Senf bestrichen; dann wird die untere Hälfte nacheinander mit einem Salatblatt, den gegrillten Würstchen, der hauchdünn geschnittenen Zwiebel und dem gerösteten Bauchspeck beschichtet. ◆ Das Ganze mit einem Radicchioblatt garnieren und mit der oberen Hälfte des Panino abdecken.

*Senf, das unerläßliche
Gewürz für Hot Dogs*

HOT DOG

Würstchen und Senf sind die Grundbestand-
teile des Hot Dog, den wir Ihnen hier in einer knusprigen Version vorstellen. Die Grill-
oder Bratwurst kommt aus Deutschland,
in ihrer dünnen länglichen Form aus Frank-
furt. Sie besteht aus Rindfleisch und
Schweinefett und ist mittlerweile in Italien
weit verbreitet, wo man sie auch geräuchert
und sogar aus Hühner- und Putenfleisch herstellt,
die im Ergebnis weniger würzig, aber aromatischer
ausfallen. Auf dem Grill oder der Grillplatte entfalten die Würstchen ihren Geschmack am
besten. Man kann diesen noch
verfeinern, indem man sie
mit Gewürzen be-
streut, die unter der
Hitze ihr Aroma
voll entfalten.

andere Brotsorten
Bayerischer Flachlaib

Variante
*Paprika-, Meer-
rettich oder Knob-
lauchpulver statt
Senfpulver*

Getränke
*Sekt, Südtiroler
Schaumwein;
Weißwein: Tocai aus
dem Friaul;
Bier: Weizenbier,
Pilsner, Lager*

Piacentiner Salami mit Mozzarella

Zutaten

- 2 SCHEIBEN LANDBROT
- 40 G PIACENTINER SALAMI IN SCHEIBEN
- 40 G FRISCHER MOZZARELLA
- 20 G GERÄUCHERTER MOZZARELLA
- 3 SCHEIBEN TOMATEN
- EIN PAAR ZARTE BLÄTTER KRAUSE ENDIVIE
- FRISCHES BASILIKUM
- OLIVENÖL (KALTGEPRESST)

◆ Das Brot von beiden Seiten toasten. ◆ Vom frischen Mozzarella 4 und vom geräucherten 2 Scheiben abschneiden und gut abtropfen lassen. ◆ Auf eine leicht geölte Brotscheibe nacheinander zwei Scheiben frischen Mozzarella, zwei (gewaschene und getrocknete) Salatblätter und einige Scheiben Salami schichten. ◆ Darauf werden nun erneut zwei Scheiben frischer Mozzarella, einige Salamischeiben und der geräucherte Mozzarella gelegt. ◆ Das Ganze zum Schluß mit einigen Basilikumblättern garnieren und mit der anderen, ebenfalls leicht geölten Brotscheibe abdecken.

✪ PIACENTINER SALAMI

Mit einem Fettanteil von 15% zählt sie zu den magersten Salami-Sorten überhaupt. Sie wird mit schwarzem Pfeffer und einem Aufguß aus Wein und Knoblauch gewürzt und mindestens 6 Wochen an der besonderen Luft in den Tälern um Piacenza getrocknet. Man erkennt sie am roten Fleisch und dem extrem weißen Fett sowie am charakteristischen Bindfaden, der den Naturdarm zusammenhält. Der Stempel garantiert die Echtheit ihrer Herkunft. Da die Salami schnell austrocknet, sollten Sie die Wursthaut erst vor dem Anschneiden entfernen. Bewahren Sie die Salami in einem mit Wein angefeuchteten Tuch im Kühlschrank auf.

EMPFEHLUNG
Dieses mehrfach geschichtete Brötchen läßt sich leicht für unterwegs oder für ein Picknick und am besten vor Ort zubereiten.

andere Brotsorten
Weißbrot, Krustenbrot, Baguette

Variante
Geräucherter Provolone oder Scamorza anstelle von geräuchertem Mozzarella; Coppa statt Salami

Getränke
Säuerlich frischer Weißwein: Trebbianino, Pinot bianco

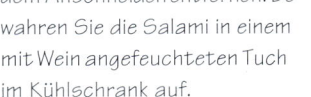

Fabriano-Salami mit Pestocreme

Zutaten

- EIN GETREIDEMISCHBRÖTCHEN
- 50 G FABRIANO-SALAMI IN SCHEIBEN
- 3 ESSLÖFFEL ROBIOLA-FRISCHKÄSE
- EINIGE BLÄTTER PETERSILIE
- EIN ESSLÖFFEL GERIEBENER PARMESANKÄSE
- EIN TEELÖFFEL PINIENKERNE
- EIN PAAR BLÄTTER BASILIKUM
- EIN ZARTES STÜCK STANGENSELLERIE
- EIN PAAR RINGE ROTKOHL
- SALZ

EMPFEHLUNG
Wenn sie kleine Cocktailbrötchen verwenden eignet sich dieses Rezept gut für ein Gäste-Buffet. Dann reichen jeweils zwei Scheiben Salami und zwei Teelöffel Pestocreme.

◆ Die gewaschene Petersilie kleinhacken, den Sellerie von eventuellen Fasern reinigen, zerkleinern und mit der Petersilie, dem Basilikum, den Frischkäse und den Pinienkernen in eine Schüssel geben. ◆ Das Ganze mit der Gabel vermengen, den Parmesan dazugeben und cremig verrühren. Mit einer Prise Salz abschmecken. ◆ Das Brötchen halbieren und auf

FABRIANO-SALAMI

Die kleinen Speckstücke, die man als einzelne große Fettaugen wahrnimmt, sind ein Markenzeichen für Salami aus Mittelitalien. Sie verleihen dem mageren Hackfleisch Geschmack und erhalten es geschmeidig, während es an der Luft trocknet. In Fabriano (Region Marken) wird die Salami mit kleinen Speckwürfeln versehen, mit schwarzem Pfeffer und Salz gewürzt und am Kaminfeuer getrocknet, bevor man sie einige Monate abhängt. Dieses Verfahren ist auch in der Toskana üblich, wo man die Salami zusätzlich mit in Wein zerdrücktem Knoblauch vermischt und sechs Monate lang trocknen läßt.

der Innenseite leicht an-
wärmen. ◆ Dann beide
Hälften gleich-
mäßig mit der
Pestocreme
bestreichen.
◆ Die untere
Hälfte mit der
Salami belegen, mit
den Rotkohlringen gar-
nieren und mit der oberen
Hälfte zudecken.

andere Brotsorten
Sojabrot,
Baguette,

Variante
Sonnenblumenkerne
oder kleingehackte
Nüsse anstelle von
Pinienkernen; Knollen-
statt Stangensellerie

Getränke
Junger, kräftiger
Rotwein: Rosso Cónero
(Montepulciano),
Vernaccia di
Serrapetrona trocken

Cacciatore-Salami mit Käse-creme und Granatapfel

Zutaten

- EIN CIABATTABRÖTCHEN
- 50 G CACCIATORE-SALAMI
  (IN DICKEN SCHEIBEN)
- EIN ESSLÖFFEL ZIEGENFRISCHKÄSE
- EIN ESSLÖFFEL BUTTER
- EIN ESSLÖFFEL GERIEBENER PARMESAN-KÄSE
- EIN ESSLÖFFEL GRANATAPFELKERNE
- EINE NUSS
- EINIGE BASILIKUMBLÄTTER

◆ Den Ziegenfrischkäse in einer Schüssel mit der Butter verrühren, den Parmesan untermischen. ◆ Das Brötchen halbieren und die Innenseiten auf der Grillplatte anwärmen. ◆ Beide Hälften mit der cremigen Masse gleichmäßig dünn bestreichen. ◆ Die untere Brötchenhälfte mit den schräg über-

einander versetzten Salamischeiben beschichten. ◆
Das Ganze mit der klein-
gehackten Nuß, den
Granatapfelkernen
und dem Basilikum
garnieren. ◆ Zum Ab-
schluß das Panino mit der
oberen Hälfte wieder zu-
decken.

andere Brotsorten
Cocktailbrötchen,
Baguette, Sojabrot

Variante
2 eingelegte
Peperoncini
anstelle von
Granatapfelkernen

Getränke
lebhafter, moussie-
render Rotwein:
Lambrusco, Croatina,
Gutturnio (Colli
Piacentini)
Bier: Lager

CACCIATORE-SALAMI

In Felino bei Parma dreht sich alles um die Salami. Die frische Brise, die um die Hügel weht, trägt
zur Reifung dieser Spezialität bei, die aus reinem,
erstklassigem Schweine-
fleisch gewonnen und in
Naturdärme gefüllt wird.
Man erkennt sie an der
gleichmäßigen Körnung und dem
delikaten, nur mäßig gewürzten Geschmack. Diese Sorte wird mittlerweile überall in der Emilia-
Romagna hergestellt. Sie muß mindestens drei
Monate lagern. In diesem noch jungen Stadium eignet sie sich vorzüglich für Panini. Reifer und trockener sollte sie zu weichem Weißbrot und sprit-
zigem Rotwein genossen
werden. Sie sollte mit einem
weißen Schimmelschleier
bedeckt sein, der typisch ist
für einen Reifungsprozess
bei künstlicher Belüftung
und Befeuchtung.

Mailänder Salami mit Kräuterkäse

Zutaten

- EIN KARTOFFELBRÖTCHEN
- 50 G MAILÄNDER SALAMI
- 2 ESSLÖFFEL ROBIOLA-FRISCHKÄSE
- EIN HALBER TEELÖFFEL KRÄUTER DER PROVENCE
- 2 SCHWARZE OLIVEN
- 2 SCHEIBEN TOMATEN
- EIN PAAR BLÄTTER FELDSALAT
- SALZ

◆ In einer Schüssel wird der Robiola mit den Kräutern der Provence, den kleingehackten Oliven und einer Prise Salz zu einer cremigen Masse verrührt. ◆ Das Brötchen halbieren und beide Hälften mit der Kräutercreme bestreichen. ◆ Die untere Hälfte wird mit der Salami belegt, anschließend mit einigen Blättern Feldsalat und den Tomaten garniert und mit der oberen Hälfte des Brötchens wieder abgedeckt.

*Ein Strauß
Gewürzkräuter*

andere Brotsorten
*Baguette,
Ciabatta,
Landbrot*

Variante
*ein Teelöffel Brandy
anstelle von Oliven
gibt der Creme
einen feineren
Geschmack*

Getränke
*trockener Weißwein:
Gavi, sardischer
Vermentino,
Sauvignon*

KRÄUTER DER PROVENCE

Diese Mischung getrockneter aromatischer Kräuter, darunter Oregano, Rosmarin, Thymian und Majoran kann man gut unter Frischkäse und Butter mischen, denen sie dann – vorsichtig dosiert – einen frischen mediterranen Duft verleiht. Derart gewürzt, passen Butter und Käse hervorragend sowohl zu nicht allzu kräftigen Schinken- und Wurstsorten als auch zu Broten mit Gemüse, Fleisch, Fisch und Omelett. Mit Kräutern der Provence können Sie auch Olivenöl aromatisieren, indem sie einen Teelöffel Kräuter in ein halbes Glas Öl geben und den Aufguß einige Tage ziehen lassen. Eignet sich ideal zum Einölen von getoastetem oder aufgewärmtem Brot.

Brianza-Salami
mit geräuchertem Provola

Zutaten

- EIN BAGUETTEBRÖTCHEN
- 60 G BRIANZA-SALAMI
- 30 G GERÄUCHERTER PROVOLA (WAHLWEISE GERÄUCHERTER MOZZARELLA)
- EIN ESSLÖFFEL IN SALZ EINGELEGTE KAPERN
- 2 ESSLÖFFEL FRISCHKÄSE (TYP PHILADELPHIA)
- BALSAMICO-ESSIG (AUS MODENA)

I-TÜPFELCHEN
Verfeinern Sie die Creme mit einigen Blättern frischem Oregano.

◆ Zunächst wird die Kaperncreme vorbereitet. Um die Kapern zu entsalzen gibt man sie einige Minuten in lauwarmes Wasser. Danach werden sie getrocknet und am besten feingewiegt. ◆ Mit einer Gabel den Käse in einer Schüssel cremig rühren, dann die Kapern beimengen und mit einem halben Teelöffel Balsamico-Essig vermischen. ◆ Das Brötchen wird halbiert und auf der Innenseite leicht angewärmt. ◆ Beide Hälften werden nun

gleichmäßig mit der Kaperncreme bestrichen. ◆ Danach wird die untere Brötchenhälfte erst mit dünnen Scheiben des geräucherten Käse, dann mit der Salami belegt und zum Schluß das Ganze mit der oberen Brötchenhälfte wieder zugedeckt.

andere Brotsorten
Landbrot, Toskanabrot

Variante
Mailänder Salami anstelle von Brianzer; ein Teelöffel grüne Olivenpaste statt Kapern.

Getränke
kräftiger Rotwein: Bonarda, Barbera Bier: Pilsner

BALSAMICO-ESSIG AUS MODENA

Je älter, desto ergiebiger und wertvoller ist er. Mindestens fünf Jahre braucht es, bis dieser Essig aus gekochtem Traubenmost von den kleinen Holzfässern gezapft werden kann, in denen seine dickflüssige Konsistenz und sein süßsaurer Geschmack in den zahlreichen Nuancen heranreift, mit denen er Nase und Gaumen erfreut. Daß er „Balsam" sei und Heilkräfte besitze, weist darauf hin, daß er seit jeher dazu verwendet wurde, die Sinne wachzurütteln oder Heiserkeit zu kurieren. Der Aceto Balsamico ist in Modena beheimatet. Die Originalversion hat einen sehr pointierten und leicht salzigen Geschmack und will sparsam eingesetzt sein, während andere in der Regel milder und uneindeutiger im Geschmack sind.

Filetto Baciato
mit süßem Gorgonzola

Zutaten
- EIN NUSSBRÖTCHEN
- 40 G FILETTO BACIATO IN SCHEIBEN
- 30 G FIOR DI GORGONZOLA
- 2 ESSLÖFFEL MASCARPONE
- 4 BLÄTTER SALATSPINAT
- EIN HALBER TEELÖFFEL KASTANIENHONIG
- EIN LÖFFEL MANDELBLÄTTCHEN

◆ In einer Schüssel den Gorgonzola mit dem Mascarpone zu einer cremigen Masse verrühren, den Honig untermischen und weiterrühren. ◆ Die gewaschenen und getrockneten Spinatblätter kleinschneiden und der Käsecreme beigeben. ◆ Die Mandelblättchen in einer Pfanne rösten und beiseite stellen,

FILETTO BACIATO

In der Provinz Alessandria (Piemont), besonders in Ponti und Ponzano und im gesamten Val Bormida, ist es Tradition, das gehackte Schweinefleisch mit einem ganzen, mit Salz und Gewürzen eingeriebenen Schweinefilet zu bestücken. So entsteht eine Salami mit einem Filetherzen und den Geschmacksnoten Knoblauch, Wein und Muskatnuß. Nach ähnlichem Verfahren wird in den Abruzzen eine runde Salami mit einem einzigen Fettkern hergestellt – die Mortadella aus Campotosto.

sobald sie eine goldbraune Färbung angenommen haben. ◆ Das Brot halbieren und auf der Innenseite leicht anwärmen, dann die untere Hälfte mit der Käsecreme bestreichen, die Mandelblättchen darauf verteilen, mit den Scheiben des Filetto baciato belegen. ◆ Zum Schluß das Brötchen wieder zusammensetzen. Wenn Sie einen pikanteren Geschmack vorziehen, nehmen Sie reifen Gorgonzola, Roquefort oder auch Stilton.

andere Brotsorten
Getreidemischbrot, Kartoffelbrot, Maisbrot

Variante
Petersilie oder Kerbel anstelle von Salatspinat

Getränke
körperreicher Rotwein: Montepulciano d'Abruzzo, Sagrantino di Montefalco

Pikante Paprika-Salami mit Ricotta

Zutaten

- EIN BAGUETTEBRÖTCHEN
- 50 G PIKANTE PAPRIKASALAMI
- 2 ESSLÖFFEL FRISCHER RICOTTA
- 1 ESSLÖFFEL GESALZENER, GERIEBENER RICOTTA
- EIN TEELÖFFEL GEHACKTE PETERSILIE
- 2 KLEINE GEBRATENE UND IN ÖL EINGELEGTE AUBERGINENSCHEIBEN
- 2 TOMATENSCHEIBEN
- OLIVENÖL (KALTGEPRESST)

◆ In einer Schüssel den frischen mit dem gesalzenen Ricotta mit einer Gabel vermengen, etwas Öl dazu geben, um dem Käse eine glatte, aber feste Konsistenz zu verleihen, die Petersilie untermischen und das Ganze sorgfältig verrühren und einige Minuten ziehen lassen. ◆ Das Brötchen halbieren, beide Hälften mit der Käsecreme bestreichen, die untere mit der Salami und den Auberginen belegen, mit den Tomaten garnieren und mit der oberen Hälfte wieder abdecken.

PIKANTE PAPRIKASALAMI

In vielen Gegenden Süditaliens ist es üblich, dem Schweinefleisch (gehackt oder nicht) pikante Peperoncini, oft zusammen mit Fenchelsamen, zuzugeben. Diese Sorte Salami ist schmal und länglich und wird manchmal zu einem Ring zusammengebunden. Typisch ist die Sorte aus Kalabrien, die es auch geräuchert gibt, außerdem die „Spianata", eine Salami, die in flacher, gepreßter Form angeboten wird. Eine Spezialität für sich ist die pikante Salami aus den Abruzzen, bei der eine Schweinsblase mit Orangenschalen aromatisiert wird, und die mit Paprika gewürzte aus dem Molise, die in gepreßter Form in den Handel kommt.

MARINIERTE AUBERGINEN

Der zarte, süße Geschmack der Auberginen paßt gut zu kräftigen Salamisorten. Am besten garen Sie die Scheiben auf dem Grill und legen sie in einer Marinade aus kaltgepreßtem Olivenöl, 2 kleingeschnittenen Knoblauchzehen, etwas frischem Oregano, zwei kleinen Streifen Zitronenschale und einer Prise Salz und Pfeffer ein. Mit einer Folie abgedeckt halten sie sich einige Tage im Kühlschrank.

andere Brotsorten
Weißbrot,
Landbrot,

Variante
Reifer römischer
Pecorino anstelle
von gesalzenem
Ricotta

Getränke
körperreicher Rotwein:
Cirò, Aglianico,
Cabernet Sauvignon

Toskanische Fenchelsalami

Zutaten

- 2 SCHEIBEN TOSKANABROT
- 50 G FENCHELSALAMI
- EIN ROSMARINZWEIG
- 3 ESSLÖFFEL BUTTER
- EIN TEELÖFFEL FENCHELSAMEN
- EINE KLEINE ZUCCHINI
- OLIVENÖL (KALTGEPRESST)
- PFEFFER
- SALZ

◆ Die frischen Rosmarinnadeln kleinhacken und die Fenchelsamen im Mörser zerstoßen. ◆ Beides mit der Butter in einer Schüssel vermischen und zu einer cremigen Masse verrühren. ◆ Von der Zucchini einige Scheiben der Länge nach – z.B. mit dem Kartoffelschäler – abschneiden und auf der heißen Grillplatte von beiden Seiten rösten. Anschließend abkühlen lassen, mit Salz und Pfeffer abschmecken, wenig Öl dazugeben und wenden, damit sie es besser aufsaugen. ◆ Das Brot mit der aromatisierten Butter bestrei-

chen, eine Scheibe mit der Fenchelsalami und den Auberginen beschichten, das Ganze mit der anderen Scheibe abdecken.

FENCHELSALAMI

Die Region Chianti bringt nicht nur hervorragenden Wein hervor, sondern auch eine große Salami aus Schweinefleisch mit mittlerer bis kleiner Körnung, die mit reichlich Fenchelsamen und Pfefferkörnern gewürzt und lange getrocknet wird. Viele Feinschmecker mögen die Fenchelsalami frisch und geschmeidig, um sie auf ungesalzenem Weißbrot zu einem Glas herbem, toskanischen Weißwein zu verzehren. Sie wird aus der mageren Schulter und dem harten Fett der Backe gewonnen und in Naturdärmen angeboten.

andere Brotsorten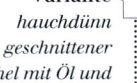
*Landbrot,
Krustenbrot*

Variante
*hauchdünn
geschnittener
Fenchel mit Öl und
etwas Senf anstelle
von gegrillten
Zucchini*

Getränke
*Weißwein: Vernaccia
di San Giminiano;
kräftigen Rosé:
Bolgheri
Bier: Pilsner,
Strong Ale*

PANINI MIT FLEISCH

Roastbeef
mit Sauce Béarnaise

Zutaten
- EIN BAGUETTEBRÖTCHEN
- 60 G ROASTBEEF IN SCHEIBEN
- 2 ESSLÖFFEL SAUCE BÉARNAISE
- EINE KLEINE MÖHRE
- 2 EINGELEGTE SILBERZWIEBELN
- EIN LÖFFEL IN STREIFEN GESCHNITTENER WEISSKOHL
- OLIVENÖL

Die Möhre reinigen, die Spitze und das harte Ende entfernen und der Länge nach in dünne Streifen schneiden.◆ Die Silberzwiebeln abtropfen lassen, dann kleinhacken und beiseite stellen. ◆ Das Brötchen halbieren, auf der Grillplatte auf der Innenseite anwärmen und

SAUCE BÉARNAISE

Zu Grill- oder Bratenfleisch, ob kalt oder warm verzehrt, bildet die Sauce Béarnaise die klassische Ergänzung. Wenn Sie 10 Minuten Zeit haben, sollten Sie folgendes Rezept einmal ausprobieren: Auf ein Eigelb brauchen Sie zwei Eßlöffel Sahne, einen Teelöffel Balsamico-Essig, eine eingelegte Silberzwiebel, einen Eßlöffel gehackten Estragon oder Petersilie und eine Butterflocke. Eigelb, Sahne und Essig werden in einer Schüssel vermischt, mit Salz und Pfeffer abgeschmeckt und unter ständigem Rühren im Wasserbad eingedickt; am Schluß wird die Butter untergemischt. Nehmen Sie die Sauce aus dem Wasserbad und geben Sie die gehackte Silberzwiebel und Kräuter dazu.

beide Hälften mit der Sauce Béarnaise bestreichen, einen Teelöffel davon übrigbehalten. ◆ Die untere Hälfte mit dem Roastbeef belegen, darauf die Möhrenstreifen, die gehackten Zwiebeln und den Weißkohl verteilen und mit dem Rest Sauce Bérnaise bestreichen. Das Panino mit der oberen Hälfte wieder abdecken. ◆ Einen kräftigeren Geschmack erhalten Sie, wenn Sie Sauce Tatare anstelle von Sauce Béarnaise verwenden und ihr einen Teelöffel kleingehackten Estragon beigeben.

andere Brotsorten
Toskanabrot,
Ciabatta

Variante
geräuchertes Rind-
fleisch, Puten- oder
Kalbsbraten oder Pra-
ger Schinken; kleinge-
hackte Mixed Pickles
anstelle von eingeleg-
ten Silberzwiebeln

Getränke
reifer Rotwein:
Barbaresco
Weißwein:
Gewürztraminer

117

Carpaccio mit Cipriani-Sauce

Zutaten
- EIN MAISBRÖTCHEN
- 50 G RINDERLENDE IN DÜNNEN SCHEIBEN
- 2 ESSLÖFFEL MAYONNAISE
- EIN TEELÖFFEL SAHNE
- EIN TEELÖFFEL MILDER SENF
- EIN TEELÖFFEL BRANDY
- JUNGER PARMESANKÄSE
- EIN PAAR BLÄTTER RUCOLA
- WORCESTER-SAUCE
- PFEFFER
- SALZ

Das Fleisch auf einem Teller ausbreiten und salzen. Für einige Minuten in den Kühlschrank stellen. ◆ In einer Schüssel die Mayonnaise mit dem Senf, dem Brandy und der Sahne vermischen, die Worcester-Sauce dazugeben und gut verrühren. ◆ Das Brötchen halbieren und die Innenseiten toasten, bis die Krume knusprig wird. Die untere

Hälfte mit dem Fleisch belegen, die Sauce darübergießen und mit einem Löffel gut verteilen. Mit Pfeffer bestreuen.◆ Mit einem Kartoffelschäler einige Blättchen vom Parmesan hobeln und über die Sauce streuen. Das Ganze mit ein paar Blättern Rucola garnieren und mit der oberen Hälfte des Brötchens wieder zudecken.

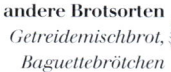

andere Brotsorten
Getreidemischbrot,
Baguettebrötchen

Variante
Bresaola oder
geräuchertes Rind-
fleisch; Mayonnaise
anstelle von Senf

Getränke
kräftiger Weißwein:
Lugana, Torgiano,
Sauvignon
leichter Rotwein: No-
vello, Valpolicella
Roséwein: Chiaretto
del Garda

CARPACCIO À LA CIPRIANI

Dieses Panino-Rezept ist eine Abwandlung des berühmten Gerichtes, das nach einem venezianischen Maler des 15. Jahrhunderts Carpaccio benannt wurde. Kreiert wurde das Carpaccio 1963 von Arrigo Cipriani in der Harris Bar in Venedig, doch seine Popularität kennt keine Grenzen, zumal es seitdem in zahllosen Varianten auftritt (so daß mittlerweile jedes kreative Gericht mit kaltem Fleisch „Carpaccio" genannt wird). So spricht nichts dagegen, wenn Sie Ihre Brötchen mit feingeschnittenen Steinpilzen oder Artischocken, mit würzigen Mayonnaisen, Senfsaucen oder Trüffeln verfeinern.

Tatar mit Sardinenbutter

Zutaten

- EIN SESAMBRÖTCHEN
- 80 G GEHACKTES RINDFLEISCH, MAGER
- EINE HALBE ZITRONE
- EIN EIGELB
- EINE HALBE ZWIEBEL
- EIN ESSLÖFFEL EINGELEGTE KAPERN
- EIN BUND PETERSILIE
- 2 TEELÖFFEL MILDER SENF
- EIN CORNICHON
- SCHARFER PAPRIKA
- OLIVENÖL (KALTGEPRESST)
- 3 ESSLÖFFEL BUTTER
- EIN SARDINENFILET IN ÖL
- PFEFFER
- SALZ

EMPFEHLUNG
Geben Sie dem Tatar ein paar Tropfen Angostura-Bitter bei, wenn Sie den Geschmack des Fleisches stärker hervorheben möchten.

Das Fleisch in eine Schüssel geben und mit einer Gabel das Eigelb untermischen; mit Salz, Pfeffer, einem Teelöffel Paprika und dem Zitronensaft würzen und etwas Öl dazugeben. Das Ganze ruhen lassen.

◆ In der Zwischenzeit die abgetropften Kapern, die Petersilie, die Zwiebel und das Cornichon kleinhacken und zusammen mit dem Senf dem Fleisch in der Schüssel beigeben; ziehen lassen. ◆ Für die Sardinenbutter zunächst das Sardinenfilet in einer kleinen Schüssel mit einer Gabel zerdrücken, die weiche Butter dazugeben und kräftig durchmischen. ◆ Das Brötchen halbieren und auf der Innenseite kurz anwärmen. Beide Hälften mit der Sardinenbutter bestreichen, das Tatar auf die untere Hälfte auftragen und

nach Belieben mit Sojasprossen oder auch einigen Blättern grünen und roten Salats garnieren.

HERKUNFT DES TATAR

Rohes und gewürztes Schabefleisch war ein Klassiker der internationalen Küche, lange bevor es in die Privathaushalte kam. In Luxusrestaurants wurde der Fleischklops früher samt Ei in der Mitte sowie mit Gewürzen und geröstetem Brot recht feierlich und ziemlich umständlich auf einem Servierwagen aufgetragen. Ursprünglich kommt das Gericht aus der russischen Steppe, wo die Tataren, wie es scheint, keine Möglichkeit hatten, das Fleisch zu konservieren. Ihre Art, das Fleisch roh zu verzehren, gelangte zunächst an den Hof des Zaren und von dort aus nach ganz Europa.

andere Brotsorten
Getreidemischbrot,
Sojabrot

Variante
Mayonnaise oder,
wenn Sie es schärfer
mögen, Meerrettich-
creme anstelle
von Senf

Getränke
trockener Sekt
Weißwein:
Chardonnay,
Sauvignon
Bier: Weizenbier,
Lagerbier

Kalbszunge mit grüner Thunfischcreme

Zutaten

- 2 SCHEIBEN GETREIDEBROT
- 40 G GEKOCHTE KALBSZUNGENSCHEIBEN
- 2 ESSLÖFFEL THUNFISCH IN ÖL
- EIN TEELÖFFEL SCHWARZE OLIVENPASTE
- EIN ESSLÖFFEL EINGELEGTE KAPERN
- EIN SARDINENFILET IN ÖL
- EIN TEELÖFFEL SCHARFER SENF
- EINE HALBE KNOBLAUCHZEHE
- EIN THYMIANZWEIG
- ZITRONENSAFT
- EIN HALBES HARTGEKOCHTES EI
- 2 KLEINE SPARGELSPITZEN (EINGELEGT)
- OLIVENÖL (KALTGEPRESST)
- PFEFFER

Die abgetropften Kapern kleinhacken, das Sardellenfilet mit der Gabel zerdrücken und beides zusammen mit der Olivenpaste und dem Thunfisch in eine Schüssel geben und vermengen. ◆ Den Senf, etwas Öl, einen Eßlöffel Zitronensaft, die Thymianblätter, den feingewiegten Knoblauch und eine Prise Pfeffer dazugeben und alle Zutaten gut verrühren. ◆ Die Brotscheiben von einer Seite leicht antoasten; eine Scheibe auf der ungetoasteten Seite zunächst mit einer dicken Schicht Thunfischcreme bestreichen, darauf die Zunge anordnen und mit dem in Scheiben geschnittenen Ei und den Spargelspitzen garnieren. Das Ganze mit der zweiten Scheibe zudecken, die zuvor dünn mit der Creme bestrichen wurde.

ZUNGE

In den Wursttheken Italiens wird oft auch Zunge angeboten, und nicht wenige Feinschmecker essen sie am liebsten in pikanter Sauce. In der italienischen Küche ist Zunge seit alters her beliebt. Schon früh wurde sie in einer Marinade aus Rotwein, Wacholderbeeren, Gewürznelken, Kräutern und Pfeffer eingelegt, aber auch auf jede erdenkliche Weise gekocht. In der Regel nimmt man die Zunge vom Kalb, seltener ist die Verwendung von Ochsen-, Schweins- oder Schafszunge. Im Handel gibt es eingelegte Zunge mit der typischen Rosafärbung, aber auch in kräftiger Brühe gekochte und gelegentlich auch geräucherte Zunge. Der meist sehr würzige Geschmack verträgt sich gut mit säuerlichen Saucen wie der grünen Sauce, mit süßem oder scharfem Senf oder mit Tatarsauce.

andere Brotsorten
Krustenbrot,
Toskanabrot, Sojabrot

Variante
grüne Bohnen anstelle
der Spargelspitzen; 2
eingelegte Silberzwie-
beln statt Kapern

Getränke
leichter Rotwein oder
Rosé: Chiaretto,
Lagrein, Valpolicella
Bier: Lager, Pilsner

Frikadelle
mit kleinem Mittelmeersalat

Zutaten

- EIN OLIVENBRÖTCHEN
- EINE FRIKADELLE
- EINE HALBE SAFTIGE TOMATE
- ETWAS MAJORAN
- EIN PAAR ZWIEBELRINGE
- 3 ENTKERNTE SCHWARZE OLIVEN
- OLIVENÖL (KALTGEPRESST)
- APFELESSIG
- PFEFFER
- SALZ

Die Frikadelle kurz im Backofen aufwärmen, danach gegebenenfalls das überflüssige Fett abtupfen. ◆ Den Majoran und die Oliven kleinhacken, die Tomate in kleine Würfel schneiden und alles zusammen in eine Schüssel geben, mit Salz und Pfeffer abschmecken und mit etwas Öl und Apfelessig anmachen. ◆ Den Salat gut durchmischen und ziehen lassen. ◆ In der Zwischenzeit das Brötchen halbieren und auf der

Innenseite leicht anwärmen. Die untere Hälfte des Panino mit der Frikadelle belegen, den abgetropften Salat darauf verteilen und mit der oberen Hälfte abdecken.

FRIKADELLEN

Die häusliche Küche hat stets die Reste der großen Mahlzeiten zu verwerten gewußt. Darum gibt es in jeder Familie ein eigenes Rezept für Frikadellen und Hackbraten. Und Frikadellen wiederum scheinen geradezu wie geschaffen als Brötchenbelag. Es ist ein volkstümliches Gericht, das praktisch überall, in jeder Bar und an jedem Imbißstand, angeboten wird. Aber wenn Sie etwas Zeit haben, versuchen Sie es einmal mit folgendem Rezept: Zerkleinern Sie im Mixer 350 g gemischtes Fleisch (Rind, Kalb, Schwein – entweder bereits gegart oder mageres Frischfleisch) mit 100 g Mortadella, einer gekochten Kartoffel, einem Bund Petersilie, 2 Eiern, einer halben Zwiebel, 3 Teelöffeln geriebenem Parmesan (Grana Padano) und einer Prise Salz und Pfeffer. Formen Sie aus der Masse kleine Fleischbällchen, die leicht flachgedrückt, in Paniermehl gewendet und unter häufigem Wenden paarweise in heißem Öl gebraten werden. Nach Belieben können Sie auch geriebene Muskatnuß dazugeben.

andere Brotsorten
Baguettebrötchen, Ciabatta

Variante
Wenn Sie kein Olivenbrötchen verwenden, bestreichen Sie die untere Hälfte des Brötchens mit Olivenpaste oder Thunfischsauce.

Getränke
körperreicher Rotwein: Chianti, Merlot, Pinot Noir, Morellino di Scansano Bier: Pilsner

I-TÜPFELCHEN
Sie können dem Geschmack der Frikadelle eine spritzige Note hinzufügen, wenn Sie Himbeeressig anstelle von Apfelessig verwenden. Er ist in Feinkostläden erhältlich.

Rindfleischfrikadellen mit Sesamsauce

Zutaten für 2 Brötchen

- 2 KLEINE ARABISCHE FLADENBROTE
- 300 G MAGERES HACKFLEISCH VOM RIND
- 4 ESSLÖFFEL GESCHÄLTE ERDNÜSSE
- 2 SCHEIBEN TOASTBROT
- MILCH
- 2 TEELÖFFEL KÜMMEL
- 2 KNOBLAUCHZEHEN
- EINE HALBE ZWIEBEL
- EIN BUND PETERSILIE
- SESAMPASTE
- PANIERMEHL
- 2 BLÄTTER KOPFSALAT
- KEIMÖL
- 6 TOMATENSCHEIBEN
- SALZ

Den Kümmel eine Minute lang in der Pfanne rösten und mit den geschälten Knoblauchzehen, der Zwiebel, der Petersilie, den Nüssen, einer Prise Salz und einem Eßlöffel Öl in den Mixer geben. ◆ Das Ganze zerkleinern und in einer Schüssel mit dem in Milch aufgeweichten Toastbrot sowie dem Hackfleisch vermengen. ◆ Aus der gut durchmischten Masse nußgroße Bällchen formen, in Paniermehl wenden und etwa zehn Minuten lang mit einem Eßlöffel Öl in der Pfanne braten. ◆ Die Fladenbrote halbieren, so daß taschenförmige Aushöhlungen entstehen;

EMPFEHLUNG

Da diese köstlichen kleinen Frikadellen sich in wenigen Minuten zubereiten lassen, bieten sie sich geradezu an, um Überraschungsgäste zu bewirten.

die unteren Hälften mit dem Kopfsalat polstern, darauf die kleinen Frikadellen und die Tomatenscheiben verteilen, Sesamsauce dazugeben und mit den oberen Hälften wieder schließen.

andere Brotsorten
sardisches Fladenbrot, Ciabatta

Variante
Naturjoghurt mit einem Löffel kleingehackter frischer Gurke anstelle von Sesamsauce

Getränke
körperreicher Rotwein aus Sardinien (Cannonau) oder Apulien (Salice Salentino) aromatischer Tee (warm oder kalt)

ARABISCHES FLADENBROT

In unserer multikulturellen Gesellschaft kann man heutzutage ohne weiteres – was noch vor zehn, zwanzig Jahren undenkbar gewesen wäre – arabisches Fladenbrot bekommen. Sein Vorzug liegt vor allem darin, daß es sich wie die Falafel gut als Behältnis eignet, da es keine Krume besitzt und aufgrund einer geringen Gärung jenen „rohen" Geschmack aufweist, der auch üppige Füllungen verträgt. Sie sollten bei diesem Rezept allerdings unbedingt darauf achten, das echte arabische Fladenbrot zu verwenden, das innen hohl ist.

Schweinsroulade mit Schinkencreme

Zutaten

- EIN BAGUETTEBRÖTCHEN
- 60 G GEHACKTES RINDFLEISCH
- EINE DÜNNE SCHEIBE MAGERES SCHWEINEFLEISCH (60 G)
- EINE SCHEIBE ROHER SCHINKEN
- EIN ESSLÖFFEL PARMESANKÄSE (GERIEBEN)
- BROTKRUME
- EIN EI
- EIN PAAR SALBEIBLÄTTER
- SÜSSER PAPRIKA
- EIN ESSLÖFFEL SCHINKENCREME
- OLIVENÖL
- EIN PAAR BLÄTTER FRISÉE-SALAT
- PFEFFER
- SALZ

Für die Füllung den Schinken mit einem Wiegemesser zerkleinern und dann mit dem Hackfleisch, einem nußgroßen Stück aufgeweichter Krume, einem halben geschlagenen Ei, dem Parmesan und einer Prise Salz und Pfeffer in eine Schüssel geben und vermengen. ◆ Das Schweinefleisch in eine Plastikfolie hüllen und mit der Hand oder dem Fleischklopfer flachklopfen. Die Folie entfernen, die Füllung auf dem Fleisch verteilen, die Scheibe aufrollen und mit Küchengarn umwickeln und festbinden. ◆ Ein Eßlöffel Öl in einer Pfanne erhitzen und die Roulade etwa 10 Minuten darin braten. ◆ Anschließend den Bindfaden wieder entfernen und die Roulade mit etwas Paprika bestreuen. ◆ Das Brötchen halbieren, etwas von der Krume entfernen und beide Hälften mit der Schinkencreme bestreichen. Die Roulade einlegen, mit Frisée-Salat garnieren und das Panino zusammenklappen.

SCHINKENCREME

Dies ist eine sehr vielseitig verwendbare Creme, die Sie stets zur Hand haben sollten. Das folgende Rezept schlägt eine kräftige Version nach Hausmannsart vor: Zerkleinern Sie 200 g gekochten Schinken und 30 g Mortadella und geben Sie beides zusammen mit 150 g Robiola-Frischkäse, 30 g Butter, einer Prise Salz und zwei Teelöffeln Cognac in den Mixer und rühren Sie so lange, bis eine halbwegs feste Masse entsteht. Schinkencreme verträgt viele Gewürze, von Kräutern der Provence und grünen Pfefferkörnern bis zu grünen Oliven oder aromatisiertem Öl. Vor Gebrauch sollte sie im Kühlschrank an Festigkeit gewinnen.

andere Brotsorten
Ciabatta,
Weißbrot

Variante
Mortadella oder
grobkörnige Salami
anstelle des rohen
Schinkens

Getränke
feuriger oder spritziger
Rotwein: Bonarda,
Barbera, Croatina,
Lambrusco

I-TÜPFELCHEN
Geben Sie der
Rouladenfüllung
einen Teelöffel ein-
gelegter kleingehackter
schwarzer Trüffel bei.

Hamburger mit geröstetem Paprikagemüse

Zutaten

- EIN SESAMBRÖTCHEN
- 100 G GEHACKTES RINDFLEISCH
- EINE HALBE SCHALOTTE
- EIN EI
- EIN TEELÖFFEL EINGELEGTE GRÜNE PFEFFER-KÖRNER
- EINE KLEINE PAPRIKASCHOTE
- EIN ESSLÖFFEL KETCHUP
- 2 ZARTE BLÄTTER KOPFSALAT
- OLIVENÖL (KALTGEPRESST)
- PFEFFER
- SALZ

Die Schalotte klein-hacken und in einer Schüssel mit dem Fleisch vermengen. ◆ Das Ei verschlagen und unter das Fleisch mischen, mit Salz, Pfeffer und den grü-nen Pfefferkörnern würzen. Das Ganze gut verrühren und zu einer flachen Frika-delle drücken. ◆ Die Paprikaschote waschen, trocknen, in dünne Streifen schneiden und beiseite stellen. ◆ Den

Hamburger etwa 3 Minuten pro Seite in einer Pfanne braten. ◆ Zwei Minuten bevor das Fleisch gar ist, die Paprikastreifen mit einer Prise Salz dazugeben und mehrmals wenden. ◆ In der Zwischenzeit das Brot halbieren, beide Hälften mit Ketchup bestreichen, die untere mit dem noch heißen Hamburger belegen, mit dem gerösteten Paprikagemüse und einigen Blättern Kopfsalat garnieren und das Panino mit der oberen Hälfte wieder zudecken.

HAMBURGER

Der Hamburger ist zwar eine amerikanische Institution, aber eine europäische Erfindung. Die gegrillten Fleischklopse mit Gemüse- oder Salatbeilage gelangten im Zuge der deutschen Emigration in die Neue Welt. Seine Geburtsstunde erlebte der Hamburger während der Weltausstellung 1893 in Chicago, als einem gewissen Gruber aus Hamburg zufällig das gesamte Geschirr seines Standes zu Bruch ging. In seiner Not kam er auf die Idee, die Frikadellen zwischen zwei Brotscheiben zu klemmen und mit Senf und Ketchup zu bestreichen. Der nächste Einschnitt in der Geschichte des Hamburgers wurde durch die Gebrüder McDonald markiert, die in einem Drive-in in Pasadena (Kalifornien) ein neues System zur Fließbandproduktion der Fleischbrötchen ersonnen hatten, das sich dann unter dem Management von Ray Croc in den USA und der ganzen Welt durchsetzte. Das erste Lokal der McDonald's Corporation öffnete 1955 in Des Plaines, einer Vorstadt von Chicago, Illinois.

andere Brotsorten
Cocktailbrötchen, Fladenbrot, Maisbrot

Variante
nehmen Sie anstelle von Paprika eine Scheibe geräucherten Bauchspeck (geröstet) oder Schmelzkäse oder sogar beides

Getränke
frischer, fruchtiger Weißwein: Pinot Grigio, Chardonnay Bier: Lager

Mailänder Schnitzel
mit gewürfelten Tomaten

Zutaten

- EIN BAGUETTEBRÖTCHEN
- EIN PANIERTES SCHNITZEL
- 2 ESSLÖFFEL FRISCHKÄSE (TYP PETIT SUISSE)
- EIN ESSLÖFFEL PARMESAN (GERIEBEN)
- EIN PAAR BLÄTTER BASILIKUM
- EINE HALBE SAFTIGE TOMATE
- PFEFFER
- SALZ

Das Schnitzel einige Minuten im Backofen aufwärmen. ◆ In der Zwischenzeit Basilikum kleinhacken und die Tomaten in Würfel schneiden. ◆ In einer Schüssel das gehackte Basilikum mit dem Frischkäse und dem Parmesan zu einer Creme verrühren, mit einer Prise Salz und Pfeffer abschmecken. ◆ Vom Schnitzel das Fett abtupfen, das Brötchen halbieren, die untere Hälfte

andere Brotsorten
*Ciabatta, Land-
brot, arabisches
Fladenbrot*

Variante
*das Schnitzel mit einer
Scheibe Schmelzkäse
überbacken; mit
eingelegten oder
getrüffelten Pilzen
garnieren.*

Getränke
*spritziger Weißwein:
Prosecco, Verdea,
Ortrugo*

mit der Creme bestreichen und das Schnitzel darauflegen. ◆ Mit den Tomatenwürfeln und einigen Basilikumblättern garnieren und das Panino mit der oberen Hälfte wieder zudecken.

PANIERTE SCHNITZEL

Das Schnitzel vom Kalb oder vom Schwein, das vom Vortag übriggeblieben ist, eignet sich in panierter Form bestens für eine köstliche Mahlzeit mit Brot, Tomaten oder Schmelzkäse, aber auch mit Kapern, eingelegten Artischocken, Thunfisch- oder Shrimpscremes ist es eine Delikatesse. Seine Zubereitung ist überaus einfach. Klopfen Sie das Fleisch in einer Frischhaltefolie flach, damit es nicht auf der Arbeitsfläche anklebt. Wenden Sie es in geschlagenem Ei mit etwas Salz, dann in Paniermehl und braten Sie es ein paar Minuten auf jeder Seite in heißer Butter, aber nicht mehr als zwei Scheiben auf einmal, weil sonst die Temperatur in der Pfanne sinkt und sich keine knusprige Kruste bilden kann.

Rohes Fleisch auf Piemonteser Art

Zutaten

- 2 SCHEIBEN LANDBROT
- 60 G KALBSFILET
- EINE HALBE ZITRONE
- EIN TEELÖFFEL MILDER SENF
- EIN BUND PETERSILIE
- OLIVENÖL
- PARMESANKÄSE
- EINE KLEINE SCHWARZE TRÜFFEL
- EIN PAAR RUCOLA-BLÄTTER
- PFEFFER
- SALZ

Das Fleisch grob hacken und in einer Schüssel mit dem Senf, einer Prise Salz und Pfeffer, dem Saft einer halben Zitrone und der kleingehackten Petersilie vermischen. ◆ Nach und nach einen Eßlöffel Öl hinzufügen und weiterrühren. ◆ Die Trüffel in Scheibchen schneiden (wenn Sie eine eingelegte verwenden, lassen Sie die Lake gut ab-

PIEMONTESER TATAR

In Piemont war es Traditon, gewürztes rohes Fleisch zu essen, lange bevor Arrigo Cipriani in Venedig das Carpaccio erfand oder die internationale Gastronomie das Tatar salonfähig machte. Die Gemüsebauern im Tal des Tanaro hackten das magerste Fleisch mit dem Messer und machten es mit Öl, Salz, einem Eigelb, Knoblauch und Zitrone und im Herbst mit Trüffeln an. Dieses Fleisch, das man „all'albese" nannte, gilt heute als klassische Vorspeise, die oft mit Parmesanblättchen oder mit in dünne Streifen geschnittenem Gemüse – je nach Saison Paprika, Zwiebel, Sellerie, Fenchel, Endivien oder Kohl – serviert wird. Warmes knuspriges Brot ist hier eine schmackhafte Ergänzung.

tropfen), mit dem
Fleisch vermen-
gen und einige
Minuten ziehen
lassen. ◆ In der
Zwischenzeit
das Brot auf beiden
Seiten anwärmen und
eine Scheibe mit dem an-
gemachten Fleisch belegen. ◆ Zum Schluß mit
ein paar Blättchen Parmesan und den Rucola-
Blättern garnieren und das Ganze mit der anderen Brotscheibe zudecken.

andere Brotsorten
Weißbrot,
Krustenbrot,

Variante
Rind anstelle
von Kalbfleisch;
Trüffelöl statt
Trüffel; Mayonnaise
anstelle von Senf

Getränke
Süffiger Rotwein:
Dolcetto, Barbera
d'Alba, Nebbiolo

Kalbsschnitten
mit Senf und Orange

Zutaten für zwei Brötchen

- 2 ZWIEBELBRÖTCHEN
- 2 DÜNNE SCHEIBEN KALBFLEISCH (150 G)
- EINE KNOBLAUCHZEHE
- 4 ESSLÖFFEL WEISSWEIN
- 4 SCHEIBEN SCHMELZKÄSE
- EIN PAAR SALBEIBLÄTTER
- KEIMÖL
- 4 TEELÖFFEL MILDER SENF
- 4 TEELÖFFEL ORANGENSAFT
- EIN PAAR ZARTE BLÄTTER
  RADICCHIOSALAT
- 2 ESSLÖFFEL SOJASPROSSEN
- SALZ

Das Fleisch in eine Folie hüllen (damit es nicht an der Arbeitsfläche klebt) und möglichst flach klopfen. ◆ Den Schmelzkäse mit den Salbeiblättern auf die Mitte der Fleischscheibe geben, das Ganze zusammenrollen und mit Küchengarn festbinden. Mit zwei Eßlöffeln Öl und dem zerdrückten Knoblauch etwa 10 Minuten in der Pfanne braten, mit dem Wein löschen. ◆ Die Rouladen von der Flam-

me nehmen, das überschüssige Fett abtupfen und abkühlen lassen. Dann in Scheibchen schneiden und beiseite legen. ◆ In einer Schüssel den Senf mit etwas Öl und dem Orangensaft verrühren, das Brot halbieren, auf der Innenseite leicht anwärmen und mit dem Orangensenf bestreichen. ◆ Zum Schluß die Kalbsschnitten auf der unteren Fläche verteilen, mit dem Salat und den Sprossen garnieren und das Ganze mit der oberen Brothälfte zudecken.

andere Brotsorten
Rosmarinbrot,
Weißbrot,
Baguette

Variante
Huhn, Pute oder
Schwein anstelle von
Kalbfleisch;
Fontina, Emmentaler
oder Gruyère statt
Schmelzkäse

Getränke
Cidre
fruchtiger Weißwein:
Pinot Grigio,
Chardonnay,
Müller-Thurgau

ZWIEBELBROT

In vielen Bäckereien findet man neben den herkömmlichen Broten auch solche, die mit Gemüse, Gewürzen oder Kräutern aromatisiert werden. Das überaus schmackhafte Zwiebelbrot können Sie aber auch bequem zu Hause herstellen: Vermischen Sie 500 g Weißmehl mit 2 Eiern, 1/5 l Milch, 25 g Bierhefe, 3 Eßlöffeln gebratenen Zwiebeln und 3 Eßlöffeln Öl. Lassen Sie das Ganze 30 Minuten ruhen, dann werden aus dem Teig kleine Brötchen geformt und in großem Abstand auf das mit Öl leicht eingefettete Backblech verteilt. Lassen Sie die Brötchen nochmals eine halbe Stunde lang aufgehen, bis sie das Doppelte ihres Umfangs erreicht haben. Bestreichen Sie es dann mit Eigelb und stellen Sie den Backofen auf 220°. Die Backzeit beträgt 20 bis 25 Minuten. Sie können vor dem Backen die Brötchen mit hauchdünnen Zwiebelringen bestreuen.

Hühnerfleisch
in knackigem Salat

Zutaten

- EIN BAGUETTEBRÖTCHEN
- 60 G GEBRATENES HÜHNER-
  FLEISCH
- EINE SCHEIBE GERÄUCHERTER KOCHSCHINKEN
  (20 G)
- EINE SCHEIBE EMMENTALER (20 G)
- ETWAS STANGENSELLERIE
  (MIT HELLEN BLÄTTERN)
- 1/4 PALMENHERZ AUS DER DOSE
- EIN PAAR BLÄTTER RADICCHIO
- 2 ESSLÖFFEL MAYONNAISE
- EIN ESSLÖFFEL SCHARFER SENF
  (NACH BELIEBEN)
- OLIVENÖL (KALTGEPRESST)
- SALZ

Das Hühnerfleisch in möglichst schmale Streifen schneiden, Schinken und Käse klein würfeln. ◆ Das abgetropfte Palmenherz, den gewaschenen Sellerie und den Radicchio trocknen und in dünne Scheibchen schneiden. ◆ Alle Zutaten mit dem Senf und der Mayonnaise in eine Schüssel geben und gut vermengen. ◆ Das Ganze mit Salz abschmecken und (für die Geschmeidigkeit) ein wenig Öl hinzufügen. ◆ Das Brötchen halbieren und auf der Innenseite leicht anwär-

EMPFEHLUNG
Bereiten Sie dieses Panino erst unmittelbar vor dem Verzehr zu, da der Salat ansonsten in der Sauce verwelkt.

men. ◆ Zum Schluß
die untere Hälfte
mit dem Hühner-
salat belegen, mit
den Käsewürfeln
und den Sellerie-
blättern garnieren
und das Ganze mit
der oberen Hälfte des
Brötchens wieder zu-
decken.

GEMISCHTER SALAT

Der mit den Fleischresten des Vortags angerich-
tete Salat ist ein köstliches Gericht, das überdies leicht zuzubereiten geht. Voraussetzung für
seine Verwendung in einem Panino ist allerdings
zum einen, daß die Salatblätter knackig sind wie
beim hier vorgeschlagenen Radicchio oder der
Endivie; zum anderen, daß nicht zu viel Sauce verwendet wird. Sie soll den Salat nur würzen und
nicht tunken oder gar aufweichen. Auch die Temperatur des Brotes spielt eine wichtige Rolle. Es
sollte nur gerade so weit aufgewärmt werden, daß
es die Feuchtigkeit verliert und wieder knusprig
wird. Unser Rezept können Sie nach eigenem Belieben variieren, z.B. indem sie blanchierten Blumen-
kohl oder grüne Bohnen nehmen oder ein Sardellenfilet und zwei Scheiben hartgekochtes Ei untermischen.

andere Brotsorten
Ciabatta, arabisches
Fladenbrot

Variante
Schweine- oder Puten-
fleisch anstelle von
Huhn; Bresaola statt
gekochtem
Schinken

Getränke
aromatischer
Weißwein: Pinot
bianco aus dem
Trentin; Lugana,
Sauvignon
Bier: Pilsner

Hühnerbrust
mit Avocadocreme

Zutaten für zwei Brötchen

- 2 KLEINE FLADENBROTE
- 200 G HÜHNERBRUST
- SCHARFER PAPRIKA
- EINE ZITRONE
- 2 ESSLÖFFEL TROCKENER WEISSWEIN
- 4 ESSLÖFFEL JOGHURT
- 5 ESSLÖFFEL AVOCADO-FRUCHTFLEISCH
- 2 SCHALOTTEN
- TABASCO
- PARMESANKÄSE
- 4 SCHEIBEN TOMATEN
- SALZ

Die leicht geklopfte Hühnerbrust in ein Zentimeter breite Streifen schneiden ◆ Den Joghurt, den Saft einer halben Zitrone, eine kleingehackte Schalotte und den Wein in einer Schüssel verrühren, die Hühnerbrust darin eine halbe Stunde marinieren. ◆ Anschließend das Fleisch gut abtropfen lassen, mit Paprika bestreuen, salzen und 5 Minuten bei

hoher Temperatur in der Pfanne garen; mehrmals wenden. ◆ In der Zwischenzeit die andere Schalotte kleinhacken und in einer Schüssel mit der Avocado, etwas Salz, einem Eßlöffel Zitronensaft und ein paar Tropfen Tabasco vermischen, bis eine homogene cremige Masse entsteht (sollte Sie Ihnen noch zu flüssig erscheinen, fügen Sie einen Teelöffel geriebenen Parmesankäse hinzu). ◆ Die Brote halbieren und auf der Innenseite leicht anwärmen, die unteren Hälften gleichmäßig mit der Avocadocreme bestreichen. ◆ Zum Schluß das Ganze jeweils mit einer Schicht Hühnerfleisch belegen, mit den Tomatenscheiben und einigen Blättchen Parmesankäse garnieren und mit den oberen Hälften wieder zudecken.

andere Brotsorten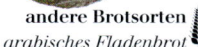
arabisches Fladenbrot

Variante
Wenn Sie der Marinade einen kräftigeren Geschmack verleihen möchten, nehmen Sie einen Weißwein- oder Apfelessig statt Joghurt

Getränke
Rotwein: Sangiovese, Chianti, Cabernet Sauvignon
Bier: Pilsner, Weizenbier

ITALIENISCHES TEX-MEX

Mit dem Erfolg der zahlreichen Tex-Mex-Lokale haben die „fajitas" mittlerweile auch in Italien eine gewisse Popularität erlangt. Das hier vorgestellte Rezept ist von der mittelamerikanischen Küche inspiriert, wo man das Fleisch – sei es nun Huhn, Rind oder Schweinefleisch – in der Regel in schmale Streifen schneidet und in Öl und Essig mariniert; anschließend wird das Ganze mit Chilli gewürzt und auf dem Grill geröstet.

Die „fajitas" werden mit Bohnen, Käse, Zwiebeln und Avocadocreme gegessen, und ganz vorzüglich schmeckt dazu ein Mais- oder Tortillafladen.

Gebratenes Putenfleisch mit Artischocken

Zutaten

- EIN COCKTAILBRÖTCHEN
- 50 G GEBRATENES PUTENFLEISCH IN SCHEIBEN
- EIN GROSSES ARTISCHOCKENHERZ
- 20 G FONTINA
- EIN THYMIANZWEIG
- EINE KNOBLAUCHZEHE
- EIN VIERTEL EINER FESTEN TOMATE
- APFELESSIG
- OLIVENÖL
- SALZ

Das Artischockenherz, von dem die harten Partien und das Heu entfernt wurden, in Scheiben schneiden. ◆ Die Knoblauchzehe in der Pfanne in etwas Öl anschwitzen, wieder herausnehmen, die Artischockenscheiben hineingeben und mit einer Prise Salz und Pfeffer 5 Minuten lang bei heißer Flamme garen; mit 2 Eßlöffeln Apfelessig ablöschen. Einen Teelöffel Thymianblätter hineinrühren und beiseite stellen. ◆ In der Zwischenzeit das Brötchen halbieren, die untere Hälfte mit dem in Scheiben geschnittenen Käse bedecken und beide im Backofen erhitzen, bis der Käse zu schmelzen beginnt. ◆ Dann das Käsebrötchen mit dem gebratenen Putenfleisch belegen, darüber die Artischocken verteilen. ◆ Mit der gewürfelten Tomate garnieren und das Panino wieder zusammensetzen.

PUTENBRATEN

Seit dem Ernährungswissenschaftler zum Verzehr magerer und cholesterinarmer „weißer" Fleischsorten als Alternative zum „roten" Säugetierfleisch raten, erlebt die Pute einen gastronomischen Aufschwung ohnegleichen. Nicht nur in Gaststätten kann man immer häufiger gebratenes Putenfleisch serviert bekommen, in den Supermärkten wird inzwischen vor allem Putenbrust, oft geräuchert oder gewürzt und vakuumverpackt, angeboten. Da die Putenbrust schnell austrocknet, sollte man sie in Alufolie eingewickelt im Kühlschrank aufbewahren.

andere Brotsorten
Baguette,
Toskanabrot

Variante
Gebratene Hühnerbrust
oder Prager Schinken
anstelle von Pute

Getränke
aromatischer
Weißwein: Tocai,
Sauvignon,
Pinot Bianco

EMPFEHLUNG
Wenn Sie die Zubereitungszeit verkürzen
möchten, nehmen Sie
in Öl eingelegte, auch
aromatisierte Artischokkenherzen. Achten Sie
darauf, die Konservierungsflüssigkeit gut abtropfen zu lassen.

Spanferkel mit Tatarsauce

Zutaten
- EIN ROSMARINBRÖTCHEN
- 50 G SPANFERKEL IN SCHEIBEN
- 20 G GRUYÈRE-KÄSE
- EIN ESSLÖFFEL TATARSAUCE
- EIN HALBES HARTGEKOCHTES EI
- SCHNITTLAUCH
- PFEFFER

Das Brot halbieren, die untere Hälfte mit dem in Scheiben geschnittenen Käse bedecken und beide Hälften auf einer Alufolie im Backofen erhitzen. ◆ Sobald der Käse zu schmelzen beginnt, das Brot aus dem Ofen nehmen und die Käseseite mit dem Spanferkel belegen, darauf das hartgekochte Ei in

dünnen Scheiben verteilen und mit dem kleingeschnittenen Schnittlauch garnieren. ◆ Zum Schluß die obere Hälfte des Brötchens mit der Tatarsauce bestreichen und auf die andere setzen. ◆ Wenn Sie einen milderen Geschmack vorziehen, nehmen Sie Cheddar anstelle von Gruyère.

andere Brotsorten
Zwiebelbrot,
Kastenweißbrot

Variante
Die Eischeiben durch
geröstete und in Öl
eingelegte Paprika-
streifen ersetzen.

Getränke
körperreicher Rotwein:
Montepulciano
d'Abruzzo,
Rosso Cónero

TATARSAUCE

Diese Sauce eignet sich bestens für kalte Fleischgerichte und gegrillten Fisch und läßt sich leicht variieren, da ihre Grundlage aus hartgekochtem Ei, Öl und Zitrone die verschiedensten Gewürze verträgt. Die Zubereitung ist einfach: Nehmen Sie von 3 hartgekochten Eiern den Dotter, zerkrümeln Sie ihn mit der Gabel in einer Schüssel, geben Sie nach und nach kaltgepreßtes Olivenöl dazu (Sie werden 6-7 Löffel brauchen) und verrühren Sie das Ganze mit einem Holzlöffelchen, bis eine weiche Creme entsteht. Schmecken Sie alles mit einer Prise Salz und Pfeffer ab, geben Sie den Saft einer halben Zitrone hinzu und rühren Sie weiter. Jetzt können Sie noch etwas kleingeschnittenen Schnittlauch dazugeben, wie es das Originalrezept vorsieht, oder in Essig eingelegte, zerkleinerte Silberzwiebeln, Sellerie, gehackte Minze und Thymian oder Oregano, Majoran und Essiggurken. Bewahren Sie die Sauce im Kühlschrank auf, sie hält sich einige Tage, rühren Sie sie aber vor dem Gebrauch gut um.

Spanferkel
mit Artischockensalat

Zutaten

- EIN BAGUETTEBRÖTCHEN
- 50 G SPANFERKEL IN SCHEIBEN
- EINE HALBE ARTISCHOCKE
- EINE KNOBLAUCHZEHE
- EIN SARDINENFILET IN ÖL
- ZITRONE
- EIN BUND PETERSILIE
- OLIVENÖL (KALTGEPRESST)
- 2 TOMATENSCHEIBEN
- SALZ

Eine Zitronenschale in dünne Streifen schneiden. ◆ Von der Artischocke die harten Spitzen und das Heu entfernen, den Rest waschen, trocknen und in ganz feine Scheiben schneiden. Die Petersilie kleinhacken. ◆ In einer Schüssel die Sardelle mit der Gabel zerdrücken, dann drei Eßöffel Öl und etwas Zitronensaft dazugeben und verrühren. ◆ Die Petersilie, die kleingeschnittene Knoblauchzehe, die Zitronen-

SPANFERKELBRATEN (PORCHETTA)

Dieser Braten ist eine Spezialität umbrischer Herkunft, die jedoch vor allem in Latium heimisch geworden ist. Typisch für Porchetta ist die kleine knusprige Kruste, die sich erst nach stundenlangem Drehen am Spieß bildet, und das durchdringende Aroma von Knoblauch und wildem Fenchel. Aufgrund seiner Größe und des Aufwands, der die Zubereitung des Bratens erst ab zehn Kilo sinnvoll erscheinen läßt, ist es ein klassisches Festgericht, das man warm und kalt genießen kann. Nicht zu verwechseln ist der Braten mit der Wurst gleichen Namens, bei der die Schweinelende in geräuchertem Speck eingerollt und mit denselben Aromen wie der Spanferkelbraten gewürzt wird. Das Fleisch ist recht mager und kommt schon nach relativ kurzer Lagerung in den Handel.

schalenstreifen, die Artischocken und etwas Salz in die Sardellensauce geben, alles sorgfältig vermengen und beiseite stellen. ◆ Das Brot halbieren, auf der Innenseite anwärmen und die untere Hälfte mit dem Artischockensalat bedecken. Darauf das Spanferkelfleisch schichten, mit den Tomatenscheiben garnieren und das Panino wieder zusammensetzen.

andere Brotsorten
toskanisches Hartweizenbrot, Krustenbrot

Variante
weißer Sellerie oder Knollensellerie anstelle der Artischocken; Apfelessig statt Zitronensaft

Getränke
Weißwein: Est di Montefiascone, Frascati; Rosé aus dem Salento (Apulien)
Bier: Strong Ale

Schweinskarree
mit Thunfischsauce

Zutaten

- 2 SCHEIBEN TOSKANISCHES HARTWEIZENBROT
- 50 G GEBRATENES SCHWEINSKARREE IN SCHEIBEN
- 2 ESSLÖFFEL THUNFISCHSAUCE
- EIN HALBES HARTGEKOCHTES EI
- 3 EINGELEGTE ODER GEKOCHTE GRÜNE BOHNEN
- EIN HALBER TEELÖFFEL SARDELLENPASTETE
- EIN SARDELLENFILET AUS DER ÖLMARINADE
- EIN ZWEIG ESTRAGON

Das Ei in kleine Stücke schneiden und beiseite stellen. Die grünen Bohnen abtropfen lassen, trocknen und schräg in kurze Stäbchen schneiden. Ebenfalls bereit halten.◆ Das Brot von beiden Seiten anwärmen, eine Scheibe mit der Thunfischsauce bestreichen und den Schweinebraten darüber schichten. Das Ei und die grünen Bohnen darauf verteilen, mit einigen Estragonblättern garnieren. ◆ Die Sardellenpaste der Thunfischsauce beimischen, die andere Brotscheibe damit bestreichen und das Ganze mit ihr zudecken. Zum Schweinebraten paßt auch grüne Sauce anstelle von Thunfischsauce.

SCHWEINSKARREE (ARISTA)

Wie Pellegrino Artusi berichtet, kommt der Begriff aus dem toskanischen „àrista!", was soviel wie hervorragend heißt und wurde von griechischen Bischöfen anläßlich eines Versöhnungsessens 1430 in Florenz beim Anblick eines offenbar exzellenten Schweinskarrees ausgerufen. Das vom Knochen abgelöste Fleisch wird mit Fenchelsamen und Knoblauch gespickt und im Backofen gebraten; oder aber man legt das Fleisch in eine Marinade und aromatisiert es wie Schinken.

THUNFISCHSAUCE

Eine Thunfischsauce kann im Grunde genommen jeder selbst schnell zubereiten und mit etwas Phantasie individuell variieren. Zum Beispiel so: nehmen Sie 3 Eßlöffel eingelegte Kapern, die Sie zuvor gewaschen und getrocknet haben, 200 g Thunfisch in Öl, ein Sardellenfilet, ein hartgekochtes Eigelb, eine Prise Salz und 2 Eßlöffel kaltgepreßtes Olivenöl, rühren Sie alles im Mixer durch und vermengen Sie es anschließend mit 250 g Mayonnaise. Gegebenenfalls verdünnen Sie die Sauce mit wenig Öl. Verfeinern läßt sie sich je nach Gusto mit einem Teelöffel Brandy, einer Prise Paprika, 2 Eßlöffeln gehackter Zwiebeln, Oregano oder frischer Minze. Bewahren Sie die Sauce einige Tage im Kühlschrank auf.

andere Brotsorten
Bauernbrot, Ciabatta

Variante
Gebratenes Puten- und Kalbsfleisch oder Prager Schinken; in Öl eingelegte Steinpilze anstelle von grünen Bohnen.

Getränke
junger kräftiger Rotwein: Chanti, Merlot, Bardolino, Morellino di Scansano

Gegrillte Salsiccia mit Kapernmarinade

Zutaten

- EIN COCKTAILBRÖTCHEN
- 1 SALSICCIA (BRATWURST AUS SCHWEINEFLEISCH)
- 3 TEELÖFFEL EINGELEGTE KAPERN
- EINE IN ÖL EINGELEGTE SARDELLE
- EIN BUND PETERSILIE
- DIE HÄLFTE EINER KLEINEN REIFEN TOMATE
- EIN EIGELB
- EINE KLEINE KNOBLAUCHZEHE
- EIN TEELÖFFEL WEISSWEIN
- OLIVENÖL (KALTGEPRESST)
- 2 ZARTE RADICCHIO-BLÄTTER
- PFEFFER

Die Wursthaut mit einem Zahnstocher anstechen (die Löcher sollten einigen Abstand haben), mit Pfeffer bestreuen und auf dem Grill etwa acht bis zehn Minuten garen (mehrmals wenden!). ◆ In der Zwischenzeit die Sardelle mit der Gabel zerdrücken und zusammen mit den gepreßten Kapern, dem Knoblauch, der Petersilie, dem Fruchtfleisch der To-

mate, dem Eigelb und dem Essig in einer Schüssel vermischen. Nach und nach wenig Öl dazugeben. ◆ Das Brötchen halbieren, eine Hälfte mit der Kapernmarinade bestreichen und die der Länge nach aufgeschnittene Wurst darauf verteilen. Mit dem Radicchio garnieren und das Panino wieder zusammensetzen.

SALSICCE

Sie gehören zu den ältesten Würsten Italiens, wobei der Name für hunderte verschiedene Sorten steht, weil jede Gegend, in der Schweine gezüchtet werden ihre eigene Spezialität (oder mehrere) herstellt. Mittlerweile gibt es Salsicce auch von Rind-, Kalb-, Lamm-, Pferd- und Wildfleisch. Im allgemeinen werden sie im Norden mit Pfeffer, Knoblauch und Weißwein aromatisiert; in den Regionen Mittel- und Süditaliens wird überwiegend mit Fenchelsamen gewürzt, aber auch Peperoncini, getrocknete Tomaten und Käse können den Geschmack bestimmen. In Umbrien und der Toskana werden Salsicce nicht selten luftgetrocknet (oder in Öl eingelegt) und wie Salami verzehrt. Verwenden Sie für dieses Rezept auf jeden Fall frische Salsicce.

andere Brotsorten
Baguette, Ciabatta, Landbrot

Variante
Nehmen Sie für die Marinade je nach Belieben 2 Löffel Tatarsauce anstelle von Eigelb und Essig

Getränke
feuriger Rotwein: Bonarda, Gutturnio, Barbera Bier: Pilsner, Weizenbier

EMPFEHLUNG
Stechen Sie im Abstand von 2-3 Zentimetern Löcher in die Salsiccia. Das begünstigt den Eintritt der Hitze und den Austritt des Fetts. Außerdem verhindern die Löcher, daß die Pelle reißt.

PANINI MIT FISCH

Thunfischsalat mit Gemüse

Zutaten

- 2 SCHEIBEN LANDBROT
- 80 G THUNFISCH IN ÖL
- 2 SCHWARZE UND ENTKERNTE OLIVEN
- EINE GEFÜLLTE GRÜNE OLIVE
- 3 CHERRY-TOMATEN
- EIN PAAR ZWIEBELRINGE
- PARMESANKÄSE
- EIN ESSLÖFFEL EINGELEGTE KAPERN
- EIN STENGEL WEISSE SELLERIE
- 2 ESSLÖFFEL THOUSAND-ISLANDS-SAUCE
- OLIVENÖL (KALTGEPRESST)
- EIN PAAR BLÄTTER MINZE

Die schwarzen Oliven grob hacken, die grüne in Scheibchen schneiden und beides in eine Schale geben und mit den geviertelten Tomaten, den Kapern, der kleingeschnittenen Sellerie und den Zwiebelringen vermengen. ◆ Das Ganze mit der Thousand-Islands-Sauce und einem Teelöffel Öl begießen und gut vermischen. ◆ Den Thunfisch abtropfen lassen,

zerkleinern und beiseite stellen. ◆ Das Brot von beiden Seiten goldbraun toasten, eine Scheibe mit den (nicht allzu kleinen) Thunfischstücken belegen, darauf den Salat verteilen und mit etwas gehobeltem Parmesan und den Minzeblättern garnieren.

andere Brotsorten
Bauernbrot,
Weißbrot, Baguette

Variante
naturbelassener Thunfisch, Lachs oder in Öl eingelegte Makrele statt Thunfisch

Getränke
Weißwein:
Vermentino di Sardegna, Fiano di Avellino, Greco di Tufo
Bier: englisches Ale

THUNFISCH IN ÖL

In Öl eingelegter Thunfisch kann eine echte Delikatesse sein. Das Fleisch muß allerdings einen rosa Schimmer aufweisen (es darf keinerlei dunkle Flecken haben, die auf ein ungleichmäßiges Ausbluten der einzelnen Fischstücke hindeuten) und von fester und einheitlicher Konsistenz sein; das Öl sollte klar, der Geschmack frisch sein. Feinschmecker ziehen ältere Konserven vor (sofern sie das Haltbarkeitsdatum nicht überschritten haben), weil sie der Auffassung sind, daß bei diesen Öl und Salz das Fleisch gleichmäßiger durchdringen als bei der industriell üblichen Lagerungsdauer (3 Monate vom Herstellungsdatum bis zum Vertrieb). Nach der Öffnung darf der Thunfisch nicht mehr mit dem Metall in Kontakt bleiben. Wenn Sie ihn nicht aufbrauchen, bewahren Sie ihn in einem Glasbehälter in Öl – Olivenöl oder Keimöl – auf.

WUSSTEN SIE, DASS
der in Öl eingelegte Thunfisch nahezu doppelt so viele Kalorien enthält wie der im eigenen Saft konservierte? – 191 gegenüber 103 auf 100 g.

Geräucherter Thunfisch mit süßsaurem Radicchio

Zutaten

- EIN SESAMBRÖTCHEN
- 50 G GERÄUCHERTER THUNFISCH IN SCHEIBEN
- EIN BUND RADICCHIO
- EIN TEELÖFFEL ROSINEN
- EIN VIERTEL EINER ZWIEBEL
- 2 TEELÖFFEL WEISSWEINESSIG
- ZUCKER
- OLIVENÖL
- MINZE
- PFEFFER
- SALZ

Die hauchdünn geschnittene Zwiebel mit etwas Öl in der Pfanne anbraten, den Radicchio gewaschen, getrocknet und in Streifen geschnitten dazugeben, mit Salz und Pfeffer abschmecken und ein paar Mal in der Pfanne wenden. ◆ Dann die in Wasser aufgeweichten Rosinen, eine Messerspitze Zucker und den Essig dazugeben und weiter braten, bis der Radicchio beginnt, zusammenzufallen. Anschließend beiseite stellen und abkühlen lassen. ◆ In der Zwischenzeit das Brötchen halbieren, im Backofen leicht aufwärmen, die untere Hälfte mit dem geräucherten Thunfisch bedecken und den süßsauren Radicchio darauf verteilen. ◆ Mit reichlich Minze bestreuen und das Panino wieder zusammensetzen.

EMPFEHLUNG

Der süßsaure Radicchio paßt auch sehr gut zu gekochtem Schinken und gebratenem weißen Fleisch. Er schmeckt übrigens warm ebenso gut wie kalt.

GERÄUCHERTER THUNFISCH

Nach dem kulinarischen Erfolg vieler anderer Räucherfische kommt jetzt auch der Thunfisch geräuchert und vakuumverpackt in den Handel. Sein Fleisch ist dunkel und schmeckt intensiv nach Meer. Von allen Räucherfischen hat er den kräftigsten Geschmack, weshalb Kenner ihn gern als Kontrast mit süßsauren Zutaten verbinden. Er läßt sich gut mit Öl und Zitrone anrichten, aber auch wie geräucherter Lachs mit saurer Sahne oder Kräuterkäse.

MINZE

Zur Familie der Minze zählen viele Sorten. Es fällt auf, daß der Geschmack der kleinblättrigen grünen Minze weniger intensiv ist als der der großblättrigen Pfefferminze, dafür aber komplexer und mit Anklängen von Kräutern und Gewürzen wie Rosmarin oder Majoran. Die kleinen Treibhauspflanzen können Sie mittlerweile auch schon in vielen größeren Supermärkten bekommen.

andere Brotsorten
*Cocktailbrötchen,
Sojabrot, Baguette*

Variante
*probieren Sie den
geräucherten
Thunfisch einfach
mit einer
Shrimps-Creme*

Getränke
*Weißwein oder Rosé:
Vermentino, Trebbiano, Lagrein
Bier: englisches Ale*

Geräuchertes Heringsfilet mit Dillbutter

Zutaten

- 2 SCHEIBEN ROGGENBROT
- 2 GERÄUCHERTE UND ENTSALZENE HERINGSFILETS
- 3 ESSLÖFFEL BUTTER
- 2 ESSLÖFFEL ZITRONENSAFT
- EIN KLEINES STÜCK FENCHEL
- EIN TEELÖFFEL SCHARFER SENF
- 2 BUND DILL
- KALTGEPRESSTES OLIVENÖL
- EIN PAAR EINGELEGTE ROSA PFEFFERKÖRNER
- 2 ZARTE BLÄTTER KRAUSE ENDIVIE

EMPFEHLUNG
Sehr delikat sind die Heringsfilets der „Skipper"-Sorte, die in Blechdosen verpackt im Handel angeboten werden.

Für die Heringsmarinade 2 Eßlöffel Öl, die Zitrone und den Senf in eine Schüssel geben, gut vermischen und liegenlassen. ◆ Die Heringe in etwa 2 cm breite Streifen schneiden, in die Marinade geben und einige Minuten ziehen lassen. ◆ Die Butter separat cremig rühren, die Hälfte des Dills kleinhacken und mit der Butter verrühren. Einige Minuten ziehen lassen. ◆ In der Zwischenzeit den Fenchel waschen,

trockentupfen und in möglichst dünne Scheibchen schneiden. ◆ Das Brot mit der Dillbutter bestreichen, eine Scheibe zunächst mit der Endivie und dann mit den Heringsstreifen belegen, darauf einen Teelöffel Marinade verteilen und mit dem rosa Pfeffer bestreuen. ◆ Das Ganze mit dem Fenchel und dem verbliebenen Dill garnieren und mit der zweiten Brotscheibe abdecken.

HERING

Als Tierzucht und Landwirtschaft in Europa noch unterentwickelt waren, kam dem Hering eine gewichtige ökonomische Rolle zu. In Salz eingelegt war er sowohl eine nahrhafte Speise als auch ein wertvolles Tauschobjekt. Seit dem Mittelalter wird er gesalzen und geräuchert, ganz oder filetiert oder in Wein und Essig eingelegt gehandelt, wobei der silberne Hering einen intensiveren Geschmack als der goldglänzende aufweist. Um die Heringe zu entsalzen, bedient man sich nach wie vor uralter Verfahren. Entweder man badet sie in Milch oder in Essig und Wasser. In den skandinavischen Ländern, aus deren Gewässern der Fisch stammt, wird er mit Kräuterbutter und saurer Sahne, Rettich, Senf und Mixed Pickles verzehrt. Ein Rezept schlägt vor, den Hering mit sauren Äpfeln, gekochten gelben Kartoffeln und einem Dressing aus Öl, Essig, Petersilie und Estragon zu essen: Probieren Sie es auf einem Panino aus! In Italien macht man den entsalzenen Hering gern mit Öl, Knoblauch und Fenchelsamen oder Oregano, Zwiebeln und Peperoncino an.

andere Brotsorten
Schwarzbrot, Getreidemischbrot, Bauernbrot

Variante
milder als die Marinade ist eine Creme, die aus einem Eßlöffel Mascarpone und einem Löffel Senf zubereitet wird.

Getränke
Weißwein: Gewürztraminer, Riesling, Sylvaner, Pinot Bianco Bier: englisches Ale

Gefüllte Sardinen nach sizilianischer Art

Zutaten für zwei Brötchen

- 2 MAFALDINE (SESAMBRÖTCHEN)
- 6 SARDINEN OHNE GRÄTEN
- 2 ESSLÖFFEL PINIENKERNE
- 2 TEELÖFFEL ROSINEN
- 2 TEELÖFFEL GEHACKTES BASILIKUM
- 2 TEELÖFFEL GEHACKTE PETERSILIE
- 2 TEELÖFFEL GEHACKTER ESTRAGON
- 2 TEELÖFFEL GEHACKTER KERBEL
- ETWAS BROTKRUME
- EIN PAAR ZWIEBELRINGE
- 3 LORBEERBLÄTTER
- 2 ZARTE BLÄTTER FRISÉE-SALAT
- OLIVENÖL
- PFEFFER
- SALZ

EMPFEHLUNG
*Wenn Sie die angege-
benen Proportionen
beachten, können Sie
Ihre Gäste mit diesem
exotischen Brötchen
überraschen.*

Den Backofen auf 200° vorheizen. ◆ In der Zwischenzeit 2 Eßlöffel zerbröselte, getoastete Brotkrume mit den Gewürzkräutern, den Pinienkernen, einer Prise Salz und Pfeffer und den in lauwarmem Wasser aufgeweichten Rosinen in den Mixer geben und verrühren. ◆ Kopf und Schwanz der Sardinen entfernen, den Rest waschen, trockentupfen und mit der würzigen Mischung füllen. Wenn nötig, mit einem Zahnstocher wieder verschließen. ◆ Die gefüllten Fische in eine feuerfeste Form mit wenig Öl geben, mit den Lorbeerblättern und den Zwiebelringen bedecken, mit etwas Öl beträufeln und 3-4 Minu-

GEFÜLLTE SARDINEN

An allen Küsten der Welt werden kleine Fische gebraten und heiß und knusprig – oder auch handwarm und mit Essig und Zitrone beträufelt – verzehrt. Das hier vorgestellte Rezept kommt aus Sizilien, wo man den intensiven Meeresgeschmack von Fischen gern mit süßen Füllungen kontrastiert. Man nennt die derart zubereiteten Sardinen „a beccafico", nach einem kleinen Vogel, der sich von reifen Feigen ernährt.

ten im Backofen garen. ◆ Die Brötchen halbieren, die unteren Hälften mit den Salatblättern bedecken und darauf die lauwarmen Sardinen (ohne Lorbeer) legen. ◆ Mit den Zwiebelringen garnieren und die Brötchen schließen.

MAFALDINA

Dieses sizilianische Brötchen mit seinen charakteristischen Rundungen wird mit Sesamkernen gebacken. Sein eigenartiger Name scheint sich von „mafaradda" herzuleiten, dem runden Gefäß, in dem der Teig für Couscous angerührt wird. Die mit gebratenen Innereien, Caciocavallo-Käse und Ricotta gefüllte Mafaldina ist ein typisches Panino aus Palermo, das man dort überall auf den Märkten bekommen kann.

andere Brotsorten
Cocktailbrötchen,
Ciabatta, Bananenbrot

Variante
ein angenehmer
Kontrast: süßsauer ein-
gelegte Zwiebeln
anstelle der gegarten

Getränke
sizilianischer
Weißwein: Corvo
Bianco, Alcamo,
Libecchio
Bier: Lager, Weizenbier

Tatar aus geräucherter Forelle

Zutaten

- EIN SESAMBRÖTCHEN
- EIN GERÄUCHERTES FORELLENFILET
- 2 ESSLÖFFEL PAPRIKASAUCE
- EIN ESSLÖFFEL VOLLMILCHJOGHURT
- ETWAS FRISCHE MINZE
- 2 ZARTE BLÄTTER KOPFSALAT
- 2 CORNICHONS

I-TÜPFELCHEN

Ersetzen Sie einen Teil des Forellentatars mit kleingewürfeltem Kochschinken. Das ist eine ungewöhnliche, aber elegante Verbindung, die den Geschmack des geräucherten Fisches abmildert.

Die eine Hälfte des Forellenfilets mit dem Wiegemesser ganz fein hacken, die andere Hälfte in nicht zu kleine Stücke schneiden. ◆ Die gewaschene und abgetupfte Minze ebenfalls feinwiegen, die Cornichons abtropfen lassen und beiseite stellen. ◆ Den feingehackten Fisch in eine Schüssel geben, die Paprikasauce hinzufügen und beides mit einer Gabel vermischen, bis eine gleichmäßige cremige Masse entsteht. ◆ In einer anderen Schüssel den Joghurt mit der Minze verrühren und ziehen lassen. ◆ Das Brötchen halbieren, auf der Innenseite leicht anwärmen; die untere Hälfte mit der Forellen-Paprika-Creme bestreichen. Darauf den gewaschenen und getrockneten Kopfsalat ausbreiten, mit den Forellenstückchen und den Cornichon-Scheibchen garnieren. ◆ Das Ganze mit der oberen Brothälfte, die zuvor mit dem Minzejoghurt bestrichen wurde, abdecken.

PAPRIKASAUCE

Die Paprikasauce kontrastiert mit ihrem süßen Geschmack auf angenehme Weise die geräucherte und aromatisierte Forelle. Man findet im Handel zwar fertige Saucen auf der Basis der gängigen Paprikasorten, aber besser schmeckt es, wenn Sie sich Ihre eigene Version zubereiten. Zum Beispiel so: Mischen Sie in einer Schüssel 250 g Mayonnaise, 2 Eßlöffel Ketchup und einen halben Teelöffel scharfes Chilli-Pulver oder Cayenne-Pfeffer, bis sie

andere Brotsorten
Cocktailbrötchen, Sojabrot, Krustenbrot

Variante
Geräucherte Makrele oder Thunfisch in Öl anstelle der Forelle

Getränke
aromatischer Weißwein: Pinot Bianco, Sauvignon oder Riesling aus Südtirol

eine gleichmäßige rosa Färbung erhalten. Geben Sie zwei Stücke roten und ein Stück gelben gebratenen und in Öl eingelegten Paprika in den Mixer. Mischen Sie die Creme unter die Sauce und bewahren sie das Ganze dann im Kühlschrank auf.

Geräucherte Forelle mit Meerrettichcreme

Zutaten

- EIN MOHNBRÖTCHEN
- EIN GERÄUCHERTES FORELLENFILET
- 2 ESSLÖFFEL ROBIOLA-FRISCHKÄSE
- EIN HALBER TEELÖFFEL FRISCH GERIEBENER MEERRETTICH
- EIN TEELÖFFEL WEISSWEINESSIG
- EIN HALBER TEELÖFFEL ZUCKER
- EIN PAAR RUCOLA-BLÄTTER
- EIN RADIESCHEN
- SALZ

Zunächst geben Sie in eine Schüssel Meerrettich, Zucker, Essig, den Robiola, 4 kleingeschnittene Rucola-Blätter und eine Prise Salz. Die Zutaten gründlich mischen und das Ganze einige Minuten ziehen lassen. ◆ In der Zwischenzeit das Radieschen in dünne Scheibchen schneiden und die Forelle in größere Stücke zergliedern und beiseite stellen. ◆ Das Brötchen halbieren (wenn Sie möchten, können

Sie es auch leicht anwärmen), von beiden Seiten mit der Creme bestreichen, die eine Hälfte mit den Forellenstücken belegen. ◆ Mit zwei Rucolablättern und dem Radieschen garnieren und mit der anderen Hälfte abdecken.

GERÄUCHERTE FORELLE

Im ganzen Alpenvorland, besonders aber in Südtirol, kann man exzellente, hausgemachte Räucherforellen essen. Im Supermarkt findet man hingegen meistens vakuumverpackte Lachsforellen aus Zuchtbeständen mit kompaktem und geschmacksintensivem, aber sprödem Fleisch, das aufgrund einer Nahrung auf der Basis von Krebsmehl eine rosa Färbung aufweist. Zu diesem Fisch passen gut streichfähige, leicht säuerliche Frischkäsesorten oder auch Sauerrahm bzw. Vollmilchjoghurt. Man kann sie auch zusammen in den Mixer geben, und erhält so eine vorzügliche Creme. Nehmen Sie die Forelle zehn Minuten vor dem Verzehr aus der Verpackung, damit das Fleisch sein Aroma entfalten kann. Da es rasch austrocknet, sollten Sie es in Folie wickeln und im Kühlschrank aufbewahren.

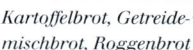

andere Brotsorten
Kartoffelbrot, Getreidemischbrot, Roggenbrot

Variante
Robiola mit kleingehacktem Majoran, Minze oder Dill anstelle von Meerrettichcreme

Getränke
aromatischer Weißwein: Pinot Bianco, Gewürztraminer, Veltliner aus Südtirol Bier: Bock, englisches Ale

WUSSTEN SIE, DASS
Meerrettich oder auch Kren die lange, gelbe Wurzel einer Pflanze (Armoracia rusticana) ist, die oft mit dem gewöhnlichen Rettich verwechselt wird? Sein Geschmack ist scharf und durchdringend und er ist reich an Vitamin C. Früher wurde Kren als Heilkraut gegen Skorbut eingesetzt.

Schwertfisch
mit Räuchercreme

Zutaten

- EIN MILCHBRÖTCHEN
- 50 G GERÄUCHERTER SCHWERTFISCH IN SCHEIBEN
- 2 SCHEIBEN GERÄUCHERTER STÖR
- EIN ESSLÖFFEL IN ÖL EINGELEGTE MAKRELE
- EINE HALBE KLEINE MÖHRE
- EIN ESSLÖFFEL EINGELEGTE KAPERN
- 2 ESSLÖFFEL MAYONNAISE
- OLIVENÖL (KALTGEPRESST)
- EIN TEELÖFFEL ZITRONENSAFT
- EIN ZARTES ENDIVIENBLATT
- PFEFFER
- SALZ

Die Makrele abtropfen lassen, gegebenenfalls die Haut abziehen, und mit einer Gabel zerkleinern. ◆ Den Stör kleinhacken und dazugeben. ◆ Die Kapern waschen und trockentupfen. ◆ Die Hälfte kleinhacken und alle Kapern zusammen mit der Mayonnaise, der Zitrone, einem Teelöffel Öl und dem zerkleinerten Fisch in eine Schüssel geben und gut durch-

mischen. ◆ Das Brötchen halbieren und auf der Innenseite anwärmen. ◆ Auf die untere Hälfte das Salatblatt legen, darauf die vorbereitete Fischcreme verteilen, mit den Schwertfischscheiben bedecken und mit zwei langen dünnen Möhrenstreifen garnieren, ehe das Panino mit der verbleibenden Hälfte wieder zusammengesetzt wird.

SCHWERTFISCH

Er kommt vorwiegend im südlichen tyrrhenischen Meer vor, an dessen Küsten, vor allem in Sizilien und Kalabrien, eine reiche kulinarische Tradition seinem köstlichen Fleisch – ob gedünstet mit Tomaten, Kartoffeln, Oliven und Kapern, oder mit Gewürzkräutern gegrillt oder als Rouladen mit süßer Füllung – alle Ehre erweist. Im Zuge der Carpaccio-Mode wird der Schwertfisch neuerdings auch dünn geschnitten in Öl, Zitrone, Pfeffer und Gewürzen mariniert, was nur ein weiterer Beweis für die Vielseitigkeit seines Geschmacks ist. Geräuchert erweist sich das magere Fleisch unerwartet zart und wenig salzig – eine Delikatesse als Belag für jedes Panino.

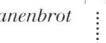

andere Brotsorten
Sesambrötchen,
Bananenbrot

Variante
intensiver als
eingelegte Makrele
schmeckt geräucherte

Getränke
sizilianischer Weißwein:
Corvo Bianco,
Libecchio, Alcamo;
Bier: Bock, Ale

Geräucherter Schwertfisch mit Zitrusfrüchten

Zutaten

- EIN SESAMBRÖTCHEN
- 50 G GERÄUCHERTER SCHWERTFISCH IN SCHEIBEN
- 2 ESSLÖFFEL ZITRONENSAFT
- EINE ORANGENSPALTE
- 2 ESSLÖFFEL KALTGEPRESSTES OLIVENÖL
- EIN ZWEIG FRISCHER OREGANO
- EIN BUND PETERSILIE
- EINE KNOBLAUCHZEHE
- 2 MINZEBLÄTTER
- PFEFFER
- SALZ

I-TÜPFELCHEN
Um den authentischen Geschmack zu verstärken, fügen Sie der „salmoriglio" einige Körner eingelegten rosa Pfeffer hinzu

Den Knoblauch schälen, die Petersilie feinwiegen, die Oreganoblätter vom Zweig abstreifen, die Haut von der Orangenspalte abziehen und das Fruchtfleisch herauslösen. ◆ Mit einer Gabel das Öl in einer Schüssel verschlagen und mit einem Eßlöffel warmem Wasser, dem Zitronensaft, wenig Salz und einer Prise Pfeffer verrühren. ◆ Die

SALMORIGLIO

Die schlichte und schmackhafte Sauce, die in diesem Rezept vorgestellt wird, wird in Sizilien und Kalabrien „salmoriglio" genannt und traditionell zu gegrilltem Fisch, insbesondere zu Schwertfisch, gereicht. Es gibt auch eine ebenso schmackhafte rote Version davon, die – zusammen mit gegrillten Tomaten – zu blauen, auf dem Rost gegarten Fischen gegessen wird. Wie bei allen geräucherten Fischen sollten Sie auch beim Schwertfisch ein möglichst frisches Exemplar wählen (mit der Zeit konzentriert sich nämlich das Salz). Dieses erkennen Sie am zarten, rosafarbenen, leicht gesalzenen Fleisch. Der Begriff „salmoriglio" leitet sich übrigens aus dem sizilianischen Wort für „salamoia" (Salzlake, Marinade) ab: „sammurigghiu".

vorbereiteten zerkleinerten Gewürze zur Sauce geben, alles vermischen, die geräucherte Schwertfischscheibe hineinlegen und 10 Minuten ziehen lassen. ◆ Das Brötchen halbieren (wenn Sie mögen, können Sie es leicht aufwärmen), den marinierten Schwertfisch auf die untere Hälfte legen, die Marinade darüber geben. ◆ Mit der zerkleinerten Orangenspalte und der gewaschenen und trockengetupften Minze garnieren und mit der oberen Brötchenhälfte zudecken.

andere Brotsorten
Cocktailbrötchen,
Baguette, Krustenbrot

Variante
geräucherter Stör
anstelle von
Schwertfisch

Getränke
Weißwein: Corvo,
Regaleali, Libecchio
Bier: Weizenbier

Geräucherter Stör
mit Tomatenmarinade

Zutaten

- EIN VOLLKORNBRÖTCHEN
- 40 G GERÄUCHERTER STÖR IN SCHEIBEN
- 2 ESSLÖFFEL BUTTER
- EIN KLEINER STAUDENSELLERIE
- EIN THYMIANZWEIG
- EINE HALBE ZITRONE
- EIN ESSLÖFFEL EINGELEGTE KAPERN
- 4 CHERRY-TOMATEN
- EIN PAAR BASILIKUMBLÄTTER
- OLIVENÖL (KALTGEPRESST)
- SALZ

Den Sellerie waschen, trockentupfen und in dünne Scheibchen schneiden; die Hälfte der Kapern kleinhacken, die Tomaten waschen, trockentupfen und vierteln. ◆ Den Sellerie, die Tomaten, die kleingehackten und ganzen Kapern in eine Schüssel geben, dazu den Zitronensaft, die Thymianblätter, eine Prise Salz und ein Eßlöffel Öl. Das Ganze gut vermischen und einige Minuten ziehen lassen. ◆ In der Zwischenzeit das Bröt-

chen halbieren, auf der Innenseite toasten und die untere Hälfte mit der Butter bestreichen und dem Stör belegen. ◆ Die Tomatenmarinade auf dem Fisch verteilen, mit dem Basilikum garnieren und der anderen Brothälfte abdecken.

andere Brotsorten
Roggenbrot,
Getreidemischbrot

Variante
die Butter mit klein-
gehackter Petersilie
und Basilikum würzen

Getränke
Weißwein: Pinot,
Pinot Chardonnay,
Riesling

GERÄUCHERTER STÖR

Die jahrhundertealte Technik der Fischkonservierung durch Räuchern und Salzen wird auch beim Stör erfolgreich angewendet, den man in Stücken oder Scheiben geschnitten und vakuumverpackt im Handel findet. In Italien wird der Acipenser transmontanus, ein mittelgroßer Stör, der eine sehr gute Fleisch- und Kaviarqualität liefert, heute zum größten Teil in Fischzuchtfarmen herangezogen. Der Stör hat eine sehr fettige Faser, die seinem Fleisch selbst nach der Konservierung eine unvergleichliche Zartheit bewahrt. Natürlich sollte das Räuchern nach allen Regeln der Kunst erfolgen; am besten (und teuersten) ist es, den Fisch „kalt" zu räuchern, das heißt ihn in speziellen Kammern, in denen die Temperatur unter 45° C bleibt, tage- oder wochenlang dem Rauch aromatischer, leicht harzhaltiger Glut auszusetzen. Sorgfältig in Alufolie eingewickelt hält sich der Stör lange im Kühlschrank.

WUSSTEN SIE, DASS
der Stör keine
Schuppen und
praktisch auch
keine Gräten besitzt,
wodurch er sehr
ergiebig und leicht
zuzubereiten ist?

Geräucherter Stör mit Silberzwiebeln

Zutaten

- EIN OLIVENBRÖTCHEN
- 50 G GERÄUCHERTER STÖR IN SCHEIBEN
- 4 GROSSE EINGELEGTE SILBERZWIEBELN
- 2 ESSLÖFFEL ZIEGENFRISCHKÄSE
- 2 TEELÖFFEL TROCKENER WEISSWEIN
- EIN PAAR THYMIANBLÄTTER
- EIN LORBEERBLATT
- OLIVENÖL (KALTGEPRESST)
- EINGELEGTER ROSA PFEFFER
- SALZ

Die Silberzwiebeln abtropfen lassen und anschließend abspülen, damit sie den Essiggeschmack verlieren; trockentupfen und in kleine Stücke zerteilen. ◆ In einer Schüssel 2 Eßlöffel Öl, die Thymianblätter, das Lorbeerblatt und eine Prise Salz vermengen, die Silberzwiebeln dazugeben und einige Minuten ziehen lassen. ◆ In einer anderen Schüssel den Ziegenfrischkäse mit dem Wein zu einer gleichmäßigen Creme vermischen. ◆ Das Brötchen halbieren, wenn Sie mögen, können Sie es auch leicht aufwärmen, die untere Hälfte mit der Käsecreme bestreichen, darauf den Stör legen, mit den abgetropften Zwiebelstücken und einigen rosa Pfefferkörnern garnieren und das Panino wieder zusammensetzen.

SILBERZWIEBELN

Silberzwiebeln passen gut zu geräuchertem Fisch, weil sie dessen intensiven Geschmack neutralisieren und darüber hinaus Ihrem Panino eine knackige Note verleihen. Mit dem folgenden Rezept können Sie sie selbst einlegen: Gießen Sie in eine Kasserolle je einen halben Liter Wasser und Essig sowie ein Glas Weißwein und geben Sie einen Eßlöffel Thymian und 2 Lorbeerblätter hinzu. Bringen Sie den Sud zum Kochen, geben Sie 300 g gut geputzte Silberzwiebeln dazu und lassen Sie das Ganze fünf Minuten köcheln. Die Zwiebeln werden – noch bißfest – abgegossen, mit Küchenpapier trockengetupft, mit 2 Lorbeerblättern in ein Glas getan und mit Olivenöl bedeckt. Zum Sterilisieren stellen Sie das Glas etwa 20 Minuten in einen Topf mit köchelndem Wasser, es sollte zu 2/3 davon bedeckt sein. Bewahren Sie das Glas einen Monat lang im Dunkeln auf.

andere Brotsorten
Zwiebelbrot,
Baguette

Variante
für den richtigen Kontrast verwenden sie süßsauer eingelegte Zwiebeln anstelle der kleinen Essigzwiebeln

Getränke
aromatischer Weißwein: Sauvignon und Tocai aus dem Friaul, Riesling, Pinot Bianco
Bier: Bockbier

I-TÜPFELCHEN
Mit einem trockenen Marsala anstelle des Weißweins können Sie der Käsecreme eine süße Note verleihen, die sehr gut mit dem Geschmack von Geräuchertem harmoniert.

Kaviar mit Eiercreme

Zutaten
- EIN MILCHBRÖTCHEN
- 3 TEELÖFFEL KAVIAR
- EIN HARTGEKOCHTES EI
- EINE HALBE ZWIEBEL
- EIN ESSLÖFFEL KARTOFFELPÜREE
- EIN TEELÖFFEL WODKA
- EIN BLATT RÖMERSALAT (MÖGLICHST ZART)
- PFEFFER
- SALZ

Die Zwiebel in Ringe schneiden, in Zitronenwasser tauchen, damit sie ihren scharfen Geschmack verliert; anschließend kleinhacken und in eine Schüssel geben. ◆ Das Ei zerkleinern und mit dem Kartoffelpüree, einem Teelöffel Kaviar, einer Prise Salz und Pfeffer zu der Zwiebel geben und vermengen. ◆ Das Milchbrötchen halbieren, die untere Hälfte mit dem Salatblatt bedecken, darauf die Kaviarcreme verstreichen, mit dem verbleibenden Kaviar garnieren und mit Wodka beträufeln. Das Panino wieder zusammensetzen.

KAVIAR

Es ist vielleicht nur wenig bekannt, daß die Koch-
rezepte der Renaissance von einer weit-
verbreiteten Verwendung des Stör-
rogens in Italien zeugen und daß heute,
nach Jahrhunderten der Vergessen-
heit, der italienische Kaviar auf den Markt
zurückgekehrt ist , wenn auch aus Zuchtbeständen, namentlich aus der Provinz Brescia.
Dennoch kommt der überwiegende Teil des bei uns
verzehrten Kaviars nach wie vor aus Rußland und
aus dem Iran. Die beste Qualität – mild gesalzen, delikat im Geschmack – liefern der Beluga-
Stör mit seinen großen grauen Körnern und der
Ossiotr-Stör mit mittelkörnigem, nußfarbigen
Rogen, die beide sofort verzehrt werden müssen,
da sie nicht pasteurisiert sind. Daneben gibt es
den weniger wertvollen, kleinkörnigen Sewruga-
Kaviar, der deutlich salziger schmeckt. Für unser belegtes Brötchen können Sie
natürlich auch Kaviarersatz
verwenden, wie zum Bei-
spiel den Rogen vom
Seehasen oder den
„roten Kaviar" vom
Lachs.

andere Brotsorten
Cocktailbrötchen,
Zwiebelbrot

Variante
für einen feineren Ge-
schmack der Eiercreme
gehackte Shrimps un-
termischen und auf
den Wodka verzichten

Getränke
Schaumwein:
Spumante brut aus
Südtirol oder Piemont
Prosecco

Geräucherter Lachs
mit Kräuterbutter und Pfeffer

Zutaten

- EIN COCKTAILBRÖTCHEN
- 40 G GERÄUCHERTER NORWEGISCHER LACHS
  IN SCHEIBEN
- 3 ESSLÖFFEL GESALZENE BUTTER
- 2 BUND DILL
- EIN TEELÖFFEL WODKA
- SCHWARZER PFEFFER
- EINGELEGTE ROSA PFEFFERKÖRNER
- EIN PAAR HAUCHDÜNNE ZWIEBELRINGE
  (JE NACH BELIEBEN)

Den Dill abbrausen, trockentupfen, die Hälfte kleinhacken und in einer Schüssel mit der Butter, die sie einige Zeit zuvor aus dem Kühlschrank genommen haben, vermischen. ◆ Das Brötchen halbieren, die Innenseiten goldbraun toasten, mit der Kräuterbutter bestreichen und anschließend die untere Hälfte mit dem Lachs belegen. Darüber werden die Zwiebelringe und einige gut abgetropfte Körner rosa Pfeffer verteilt. ◆ Das Ganze großzügig mit schwar-

zem Pfeffer bestreuen und mit einem Schuß Wodka beträufeln ◆ Zum Schluß mit dem verbleibenden Dill garnieren und mit der oberen Hälfte des Brötchens zudecken.

GERÄUCHERTER LACHS

Mit zunehmender Beliebtheit und entsprechendem Angebot wird es schwieriger, guten Lachs von mediokren Produkten zu unterscheiden. Für ein Panino aber brauchen Sie beste Qualität, man muß die zarte Faser und den leichten Räuchergeschmack spüren. Mittelmäßige Ware können Sie immer noch verkochen. Die besten Exemplare kommen aus den norwegischen, schottischen und kanadischen Küstengewässern, wo sie unter nahezu natürlichen Bedingungen gezüchtet werden. Geräuchert werden sie allerdings meistens in Holland, Dänemark, Frankreich und auch in Italien, wobei das Verfahren des „Kalträucherns" mit Holzglut, Beeren und Gewürzkräutern das beste, aber auch teuerste ist. Geräucherten Lachs sollte man verzehren, sobald er in den Handel kommt, denn mit der Zeit trocknet er aus, und das Salz konzentriert sich. Der Mittelteil ist der schmackhafteste, ausgewogen im Anteil zwischen Fleisch und Salz, während er zum Schwanz hin mehr Salz und weniger Fleisch enthält. Er sollte eine rosa Färbung—weder rot noch orange—und weiches, aber elastisches Fleisch aufweisen.

andere Brotsorten
Getreidemischbrot,
Schwarzbrot

Variante
je nach Belieben können Sie auch Kerbel statt Dill verwenden

Getränke
aromatischer Weißwein: Chardonnay, Sauvignon, Vernaccia di San Giminiano

EMPFEHLUNG
Achten Sie bei geräuchertem Lachs darauf, nur die Menge zu kaufen, die Sie auch sofort verzehren. Er sollte so frisch wie möglich gegessen werden.

Räucherlachsröllchen mit Spargel

Zutaten

- 2 SCHEIBEN ROGGENBROT
- 3 SCHEIBEN RÄUCHERLACHS
- 9 EINGELEGTE WILDSPARGELSTANGEN
- 2 TEELÖFFEL SENFSAUCE MIT KÖRNERN
- 2 ESSLÖFFEL ROBIOLA-FRISCHKÄSE
- 2 ESSLÖFFEL BUTTER
- SCHNITTLAUCH
- SALZ

Den Spargel abtropfen lassen, abtupfen und den unteren Teil der Stengel abschneiden. ◆ Die Brotscheiben mit der weichen Butter bestreichen. ◆ Die Räucherlachsscheiben nebeneinander auf einer Aluminiumfolie (damit sie nicht auf der Arbeitsfläche ankleben) ausbreiten. ◆

I-TÜPFELCHEN
Einen raffinierteren Geschmack erhalten Sie, wenn Sie den Spargel mit Butter und Schalotten kurz in einer Pfanne anschwitzen.

WILDER SPARGEL

Im Frühling treibt der in Mitteleuropa heimische Wildspargel lange, dünne, violettfarbene und besonders geschmacksintensive Sprossen. Bißfest gekocht und ohne den ziemlich zähen unteren Teil des Stengels stellen sie eine echte Delikatesse dar, die sich für Omeletts ebenso eignet wie für ein schlichtes Dressing aus Öl und Salz oder als erfrischender Kontrast zum geräucherten Lachs. Der Handel bietet sehr guten Wildspargel in leichten Marinaden an. Sofern er in Dosen konserviert wird, sollten Sie ihn nach dem Öffnen entweder verbrauchen oder mit dem Saft in einen Glasbehälter umfüllen und im Kühlschrank aufbewahren.

Den Robiola mit der Senfsauce vermischen und auf die Lachsscheiben streichen. Den Spargel darauf verteilen und die Scheiben zusammenrollen. ◆ Die Röllchen mit dem Schnittlauch festbinden, dann nebeneinander auf eine der mit Butter bestrichenen Brotscheiben legen und mit der anderen zudecken. ◆ Bei diesem Rezept können Sie anstelle der Robiola-Senf-Creme auch eine Mayonnaise mit etwas Dill oder Silberzwiebeln nehmen; oder auch eine Creme, die zu gleichen Teilen aus Tatarsauce und Mascarpone angerührt wird. Alle diese Zutaten passen sehr gut zu geräuchertem Fisch.

andere Brotsorten
*Getreidemischbrot,
Schwarzbrot,
Vollkornbrot*

Variante
geräucherter Stör anstelle von Lachs

Getränke
*lebhafter Weißwein:
Chardonnay,
Sauvignon, trockener
Malvasia
Bier: englisches Ale,
Bockbier*

Lachstatar mit Shrimps

Zutaten

- EIN KARTOFFELBRÖTCHEN
- 50 G FRISCHES LACHSFLEISCH
- 30 G GEKOCHTE UND EINGELEGTE SHRIMPS
- EIN TEELÖFFEL MILDER SENF
- EIN TEELÖFFEL IN ESSIG EINGELEGTE KAPERN
- EIN VIERTEL EINER ZWIEBEL
- EINE HALBE ZITRONE
- SARDELLENPASTE
- TABASCO
- EINE HANDVOLL KRESSE
- EIN BUND PETERSILIE
- PFEFFER
- SALZ

WUSSTEN SIE, DASS
Sie Gartenkresse im Haus das ganze Jahr über aus Samen ziehen können? Und sie auch schon nach drei bis vier Tagen ernten können?

Die Kapern abspülen, trockentupfen und mit der Zwiebel, der Hälfte der Kresse und Petersilie kleinhacken, in eine Schüssel geben und beiseite stellen. Die Shrimps abtropfen lassen und bis auf zwei oder drei Exemplare kleinhacken. ◆ Den Lachs grob zerkleinern und zusammen mit den zerhackten Shrimps in die Schüssel mit den Kräutern geben, eine Prise Salz und Pfeffer, den Zitronensaft, 3-4 Tropfen

Tabasco, eine Messerspitze Sardellenpaste und den Senf hinzufügen und gut vermischen. Wenn nötig, einen Teelöffel Öl untermischen. Ein paar Minuten ziehen lassen. ◆ Das Brötchen halbieren und auf der Innenseite anwärmen; mit einem Teelöffel den Tatar auf der unteren Hälfte verstreichen. ◆ Die noch ganzen Shrimps auf dem Tatar verteilen, mit der verbleibenden Kresse garnieren und das Panino zusammenklappen.

andere Brotsorten
Getreidemischbrot,
Krustenbrot

Variante
mit einem Eigelb läßt
sich der Geschmack
des Tatars verfeinern

Getränke
trockener Spumante
aus Südtirol, Prosecco,
Fasolino

KRESSE

Diese Gewürzpflanze wächst im Frühjahr reichlich an den Ufern von Bächen und kleinen Flüssen und zeichnet sich durch einen leicht bitteren und scharfen Geschmack aus. Wenn Sie wildwachsende Brunnenkresse verwenden, sollten Sie sie gründlich waschen und bedenken, daß sie während der Blütezeit mehr Bitterstoffe entwickelt. In jedem Supermarkt gibt es hingegen die in der Regel bereits geputzte und abgepackte Gartenkresse aus dem Treibhaus, von der man auch den zarten Stiel essen kann. Kresse kann Omeletts (mit Zucchini oder Shrimps) ebenso angenehm verfeinern wie Suppen und Fischsaucen (Hollandaise, Mayonnaise). Mit den kleingehackten Blättern lassen sich auch Butter und Frischkäse elegant würzen, insbesondere, wenn Sie noch eine Prise Salz und ein paar Tropfen Knoblauchsaft hinzugeben.

Lachssalat mit Mozzarella

Zutaten
- EIN CIABATTABROT
- 60 G IM EIGENEN SAFT KONSERVIERTER LACHS
- 30 G MOZZARELLA
- EINE KLEINE SCHALOTTE
- EIN ESSLÖFFEL EINGELEGTER GRÜNER PFEFFER
- EIN BUND PETERSILIE
- OLIVENÖL
- EIN ESSLÖFFEL TROCKENER WEISSWEIN
- EINE KNOBLAUCHZEHE (NACH BELIEBEN)
- ETWAS KRESSE
- SALZ

Den Lachs abtropfen lassen und in Würfel schneiden. ◆ Die Schalotte in dünne Scheiben schneiden, mit wenig Öl in der Pfanne anbraten, ein paar Pfefferkörner und den Lachs dazugeben, zwei Minuten garen lassen ◆ Dann mit Salz abschmecken und mit dem Wein ablöschen. ◆ Den Mozzarella in Würfel schneiden, mit der kleingehackten Petersilie und einem Löffel Öl in eine Schüssel geben. ◆ Das Brot halbieren, die Innenseiten goldbraun toasten und mit dem Knoblauch einreiben. ◆ Zum Schluß den noch warmen Lachs mit dem Mozzarella vermischen und das Ganze auf der unteren Brothälfte verteilen, mit der Kresse garnieren und das Panino mit der oberen Brothälfte zudecken.

GRÜNER PFEFFER

Grün sind die unreifen, unfermentierten Beeren der Pfefferpflanze, die wegen ihres milden und aromatischen Geschmacks geschätzt und in einer Marinade konserviert werden. Grüner Pfeffer ist zwar weniger pikant als der schwarze getrocknete oder der weiße geschälte, sollte aber dennoch sparsam eingesetzt werden. Bewahren Sie ihn eingelegt im Kühlschrank auf.

DIE SCHALOTTE

In früheren Zeiten war die Schalotte der Brotbelag der armen Bauern. Es ist der französischen
Küche zu verdanken, daß diese Knolle, die der
Form und dem Geschmack nach sowohl der Zwiebel als auch dem Knoblauch ähnelt, wieder Einzug in die gehobene Gastronomie gehalten hat.
Das hängt unter anderem auch damit zusammen, daß die Schalotte sich im Gegensatz zu
ihren Artverwandten wesentlich bekömmlicher
ist, da sie sich leichter verdauen läßt. Bei diesem Rezept dient das kurze An-
braten dazu, konservierte
Fische mit besonders
zartem Fleisch — wie
etwa Lachs, Makrele
oder Thunfisch — opti-
mal zu würzen.

andere Brotsorten
*Bauernbrot, Zwiebel-
brot, Kümmelbrot*

Variante
*um den Geschmack
des Lachses stärker
hervorzuheben, fügen
Sie dem Salat etwas
Sardellenpaste dazu*

Getränke
*Weißwein:
Trebbiano, Frascati,
Ortrugo dei Colli
Piacentini*

Lachshäppchen
mit geräuchertem Bauchspeck

Zutaten für zwei Brötchen

- 2 MILCHBRÖTCHEN
- 150 G LACHSFILET
- 60 G GERÄUCHERTER BAUCHSPECK IN SCHEIBEN
- GETROCKENETER SALBEI
- KEIMÖL
- EIN ESSLÖFFEL MASCARPONE
- EIN ESSLÖFFEL COCKTAILSAUCE
- EIN ZWEIG KERBEL
- PFEFFER
- SALZ

Den Backofen auf 200° vorheizen. ◆ Das Lachsfilet in etwa 3 cm große Stücke zerkleinern, mit Salz, Pfeffer und etwas zu Pulver zermahlenem Salbei bestreuen und jeweils in einer Scheibe Bauchspeck einrollen. Als Häppchen mit Zahnstochern befestigen. ◆ Die Häppchen in eine mit etwas Öl eingefettete feuerfeste Form

legen und für etwa zehn Minuten in den heißen Backofen schieben. ◆ In der Zwischenzeit die Cocktailsauce mit dem Mascarpone vermengen, die Brötchen halbieren und auf der Innenseite anwärmen und mit der vorbereiteten Creme bestreichen. ◆ Die noch heißen Häppchen auf die unteren Brötchenhälften verteilen, die Zahnstocher herausziehen. ◆ Mit dem Kerbel würzen und garnieren und die Brötchen wieder zusammensetzen.

andere Brotsorten
Cocktailbrötchen,
Getreidemischbrot

Variante
Sauce Béarnaise
anstelle von
Cocktail-Sauce

Getränke
eleganter Weißwein:
Gavi, Lugana,
Soave Classico

KERBEL

Im Spätfrühling und im Sommer trifft man in Gemüseläden und Supermärkten allenthalben auf die zierliche Kerbelpflanze, die der Petersilie zwar ähnlich sieht, aber fleischiger in der Konsistenz und delikater im Geschmack ist. Frisch gezupft findet sie sowohl in der klassischen Gastronomie (etwa für die Sauce Béarnaise), aber auch in der Nouvelle Cuisine Verwendung zur Verfeinerung von Fisch, weißem Fleisch und Omeletts, aber auch für Gemüsegerichte. Aus dicken Bohnen oder Erbsen können Sie leicht eine Creme für Ihre belegten Brote zubereiten, indem Sie sie mit etwas Öl, Salz, Pfeffer und Kerbel in den Mixer geben. Es gibt auch getrockneten Kerbel im Handel, den Sie allerdings wegen seines sehr intensiven Aromas sparsam einsetzen sollten.

EMPFEHLUNG
Auch Scampi und
Bauchspeck vertragen
sich gut. Probieren Sie
es mit den Gewürzen
dieses Rezepts.

Shrimps-Omelett mit Krebsfleisch

Zutaten

- 2 SCHEIBEN KÜRBISBROT
- 50 G GEKOCHTE UND EINGELEGTE SHRIMPS
- 2 ESSLÖFFEL KREBSFLEISCH
- EIN ESSLÖFFEL COCKTAILSAUCE
- EIN ESSLÖFFEL ZIEGENFRISCHKÄSE
- EIN VIERTEL GEKOCHTE ZUCCHINI
- 2 EIER
- 2 ESSLÖFFEL BUTTER
- SCHNITTLAUCH
- SALZ

Die Shrimps abtropfen lassen und kleinhacken, drei davon der Länge nach halbieren. ◆ In einer Schüssel die Eier mit einer Prise Salz verschlagen, das Krebsfleisch und die halbierten Shrimps sowie die kleingewürfelte Zucchini dazugeben. ◆ Das Ganze gut mischen und in eine Pfanne mit der heißen Butter geben.

SHRIMPS

Der Handel bietet Shrimps in allen denkbaren Variationen an: eingelegt in Essig mit und ohne Gewürze oder einfach in Salzwasser, aber auch tiefgefroren, roh oder gekocht und neuerdings auch als Paste oder Pastete. Für belegte Brote eignen sich am besten die gekochten aus der Salzlake, die gebrauchsfertig sind. Gegebenenfalls aber sollten Sie das Salz unter fließendem Wasser abspülen. Sie können die Shrimps auch unter Dampf erhitzen, aber nur kurz, da das Fleisch sich sonst verhärtet. Shrimps aus der Salzlake bieten sich für eine Marinade an, die ihren delikaten Geschmack stärker hervorhebt. Nehmen Sie dazu Olivenöl, Knoblauch, schwarze Pfefferkörner, Zitronensaft und würzen Sie mit Silberzwiebeln, Petersilie, Thymian oder Majoran.

◆ Bevor das Ei völlig gerinnt, das Omelett einrollen und fertiggaren. Danach etwas abkühlen lassen. ◆ In einer Schüssel den Ziegenfrischkäse mit der Cocktailsauce und den gehackten Shrimps vermischen und mit einer Prise Salz abschmecken. ◆ Das Brot von beiden Seiten leicht anwärmen, eine Scheibe mit der Shrimpscreme bestreichen und das Omelett darauf legen. ◆ Mit dem kleingeschnittenen Schnittlauch garnieren und mit der zweiten Brotscheibe abdecken.

andere Brotsorten
Zwiebelbrot, Toskanabrot

Variante
anstelle von Cocktailsauce eine Mischung aus Shrimps- und Sardellenpaste

Getränke
lebhafter, spritziger Weißwein: Soave, Bianco di Custoza, Prosecco

Shrimps mit Kräutercreme

Zutaten
- EIN MILCHBRÖTCHEN
- 80 G GEKOCHTE SHRIMPS (EINGELEGT)
- EIN ESSLÖFFEL CURRYSAUCE
- EIN ESSLÖFFEL MASCARPONE
- SCHNITTLAUCH
- EIN HALBES HARTGEKOCHTES EI
- TABASCO
- EINE HANDVOLL FELDSALAT
- SALZ

Die Shrimps abtropfen lassen, trockentupfen; die Hälfte davon feinwiegen und in einer Schüssel mit etwas Salz, dem Mascarpone und der Currysauce vermischen. ◆ Den Schnittlauch mit der Schere kleinschneiden und zusammen mit den ganzen Shrimps und einigen Tropfen Tabasco unter die Creme mischen. ◆ Das Brötchen halbieren, die Innenseiten anwärmen und mit der Shrimpscreme bestreichen. ◆ Mit dem feingeschnittenen Ei und dem Feldsalat garnieren und das Panino wieder zusammensetzen.

CURRY

Diesen Namen gaben die Engländer einer Gewürzmischung, die bei vielen exotischen Rezepten Anwendung findet. Es handelt sich um getrocknete, feingemahlene und in verschiedenen Dosierungen vermischte Samen, Beeren, Wurzeln und Kräuter. Farblich dominiert das Gelb der Kurkuma, geschmacklich die Schärfe von Chili und Cayennepfeffer. Im Handel findet man Curry als Pulver (mild, scharf, sehr scharf), als Paste oder als fertige und in der Regel milde Sauce. Mit einer Prise Curry kann man fertige Saucen wie Mayonnaise oder Thunfischsauce verfeinern und sahnigen Joghurt, Robiola, Mascarpone und alle streichfähigen Frischkäse würzen. Das Pulver sollte man luftdicht verschlossen und nicht allzu lange aufbewahren, da es seinen Geschmack mit der Zeit verliert.

andere Brotsorten
Sojabrot, kleine arabische Fladenbrote

Variante
nehmen Sie für die Creme im eigenen Saft konservierten Lachs anstelle von Shrimps

Getränke
spritziger, kräftiger Weißwein: Pinot Grigio, Chardonnay, Prosecco

Shrimps und Makrele mit Basilikumcreme

Zutaten

- EIN MISCHBRÖTCHEN (MILANESINA)
- 50 G GEKOCHTE SHRIMPS
- EIN GERÄUCHERTES MAKRELENFILET IN ÖL
- EIN ESSLÖFFEL THUNFISCH IN ÖL
- EIN ESSLÖFFEL LACHSPASTE
- EIN ESSLÖFFEL ZIEGENFRISCHKÄSE
- EIN BUND BASILIKUM
- KALTGEPRESSTES OLIVENÖL
- EIN ESSLÖFFEL ZITRONENSAFT
- PFEFFER
- SALZ

Den Thunfisch abtropfen lassen, von der Makrele die Haut entfernen, beides mit der Gabel in einer Schüssel zerdrücken. Die Shrimps grob zerkleinern, zwei davon der Länge nach halbieren und zu den anderen Fischen in die Schüssel geben. ◆ Das Gehackte mit etwas Öl beträufeln, eine Prise Pfeffer und etwas Zitrone dazugeben, gut ver-

mischen und beiseite stellen. ◆ Das Basilikum bis auf ein paar Blätter feinwiegen und in einer Schüssel mit dem Ziegenfrischkäse und einer Prise Salz vermischen. ◆ Die untere Hälfte des innen erwärmten Panino mit dem Frischkäse bestreichen, darauf den gehackten Fisch verteilen, mit den Shrimps und den Basilikumblättern garnieren. Die obere, mit Lachspaste bestrichene Brötchenhälfte darauflegen.

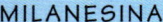

MILANESINA

In Mailand wurde jüngst das scheinbar so vollständige traditionelle Sortiment an Broten um eine Novität bereichert: Die „Milanesina" (die kleine Mailänderin), ein großes Brötchen mit zwei charakteristischen Einkerbungen in der Kruste, hat sich rasch in der Stadt und in der Umgebung als „typisches" Mailänder Brot durchgesetzt. Sie ist das Werk einer ganzen Vereinigung von Bäckern, die damit den Wünschen ihrer Kunden nach natürlichen Zutaten und weicher Krume entgegenzukommen hoffen. Das in Zusammenarbeit mit dem Nationalen Institut für Ernährung und der landwirtschaftlichen Fakultät der Mailänder Universität entwickelte Brötchen besteht aus einer Mischung von hartem und weichem Weizen und Roggen. Es ist außen knusprig und innen gut ausgegoren. Die Milanesina ist bereits dabei, das klassische Mailänder Brötchen, die „Michetta" – in Form einer Rose mit fünf Blütenblättern – zu verdrängen, die einst als Imitation des Wiener Kaiserbrotes entstanden war.

andere Brotsorten
Baguette,
Cocktailbrötchen

Variante
Sauce Béarnaise oder
Thunfischsauce anstelle von aromatisiertem
Ziegenfrischkäse

Getränke
Spumante, Prosecco
oder Weißwein:
Riesling aus Südtirol

Krustentiere
mit Curry-Mayonnaise

Zutaten

- EIN GETREIDEMISCHBRÖTCHEN
- 50 G GEKOCHTE UND EINGELEGTE SHRIMPS
- 2 ESSLÖFFEL KREBSFLEISCH
- 2 ESSLÖFFEL MAYONNAISE
- EIN TEELÖFFEL CURRYPULVER
- EIN TEELÖFFEL BRANDY
- 4 GEKOCHTE UND EINGELEGTE GRÜNE BOHNEN
- EIN HALBES HARTGEKOCHTES EI
- SCHNITTLAUCH
- SALZ

In einer Schüssel den Curry (nach Belieben milden oder scharfen) mit der Mayonnaise und dem Brandy vermischen und ziehen lassen. ◆ Das Krebsfleisch abtropfen lassen und eventuelle Knorpelteile entfernen. ◆ Die Shrimps ebenfalls abtropfen lassen, der Länge nach schneiden und zusammen mit den schräg ge-

MAYONNAISE MIT GEWÜRZEN

Im Handel gibt es viele gute Fertigversionen dieser Tafelsauce, die zu zahllosen Gerichten paßt, sich aber auch leicht und mit überraschenden Ergebnissen durch Zugabe von Kräutern oder Gewürzen verfeinern läßt. Probieren Sie es selbst aus. Zu Panini mit weißem Fleisch, gekochtem Schinken und Gemüse mischen Sie der Mayonnaise Petersilie, Basilikum oder Thymian, aber auch Paprika oder Curry bei; für rotes Fleisch und rohen Schinken: Rettich, Knoblauch, Kerbel oder Fenchelsamen; für Fisch und Fischbrötchen: Schnittlauch, Majoran, Dill oder Minze. Man kann Mayonnaise je nach Vorliebe auch mit ein paar Tropfen Hochgeistigem wie Brandy, Rum, Wodka oder Sake aufpeppen.

EMPFEHLUNG
Für ein Gästebuffet verwenden Sie bei diesem Rezept besser kleine Cocktailbrötchen und dosieren die Zutaten entsprechend .

stückelten grünen Bohnen und dem Krebsfleisch mit der Currymayonnaise vermischen.
Mit Salz abschmecken und beiseite stellen. ◆
In der Zwischenzeit das Ei in Scheibchen schneiden, das Brot halbieren und auf der Innenseite anwärmen, die Sauce mit den Krustentie-
ren auf der unteren Hälfte verteilen, mit dem
Ei und dem Schnittlauch garnieren und mit der
oberen Hälfte wieder zudecken.

andere Brotsorten
Milchbrötchen,
Baguette

Variante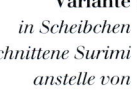
in Scheibchen
geschnittene Surimi
anstelle von
Krebsfleisch

Getränke
Weißwein: Verduzzo,
Trebbianino, Riesling

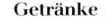

Krebsfleisch
mit Avocadocreme

Zutaten

- 2 SCHEIBEN ROGGENBROT
- 50 G KREBSFLEISCH
- EIN ESSLÖFFEL AVOCADO-FRUCHTFLEISCH
- EIN HALBES HARTGEKOCHTES EIGELB
- EIN ESSLÖFFEL STREICHKÄSE
- EIN TEELÖFFEL ZITRONENSAFT
- EIN TEELÖFFEL SAKE
- EIN ZWEIG MAJORAN
- EINE KNOBLAUCHZEHE
- OLIVENÖL (KALTGEPRESST)
- PFEFFER
- SALZ

I-TÜPFELCHEN
*Probieren Sie dieses
Rezept mit dem
zarteren und
schmackhafteren
Langusten-
fleisch.*

Das Krebsfleisch abtropfen lassen und zerkleinern, eventuelle Knorpelreste entfernen. In eine Schüssel geben und mit zwei Eßlöffeln Öl, einem Teelöffel Zitronensaft, der zerdrückten Knoblauchzehe und dem Majoran vermischen und ziehen lassen. ◆ In der Zwischenzeit in einer anderen Schüssel das Ei mit der Gabel zerdrücken, mit dem Käse und der

Avocado vermischen, mit Salz, Zitrone und Sake würzen und zu einer cremigen Masse verrühren. ◆ Eine Brotscheibe mit der Creme bestreichen, einen Teelöffel aufbewahren; das Krebsfleisch aus der Marinade nehmen, abtropfen lassen und auf der Avocadocreme verteilen. Die andere Scheibe mit der restlichen Creme bestreichen.

KREBSE

Für gewöhnlich findet man sie leicht pasteurisiert, in Salzwasser eingelegt und in Gläsern oder Dosen verpackt im Handel. Ihr Fleisch ist zart und mild im Geschmack, weiß mit rosafarbenem Geäder; es wird in Stücken angeboten, manchmal mit Knorpelresten durchsetzt, die man jedoch leicht entfernen kann. Der größte Teil des konservierten Krebsfleisches kommt aus den Polarmeeren; nicht selten wird es auch tiefgefroren verkauft. Wenn Sie Krebsfleisch aus der Dose nehmen, bewahren Sie eventuelle Reste im eigenen Saft in einem Glasgefäß auf.

andere Brotsorten
Vollkornbrot,
Schwarzbrot

Variante
Pastete aus geräuchertem Lachs mit etwas Robiola versetzt anstelle von Avocadocreme

Getränke
aromatischer Weißwein:
Gewürztraminer,
Tocai, Chardonnay
Bier: Lager,
Pilsner

Venusmuscheln mit Ricotta

Zutaten für zwei Brötchen

- EIN FLADENBROT
- 6 ESSLÖFFEL EINGELEGTE VENUSMUSCHELN
- EINE HALBE KNOBLAUCHZEHE
- EIN BUND PETERSILIE
- EIN KLEINES STÜCK PEPERONCINO
- 2 ESSLÖFFEL FRISCHEN RICOTTA
- 2 TEELÖFFEL PARMESANKÄSE, GERIEBEN
- OLIVENÖL (KALTGEPRESST)
- SALZ

Den Knoblauch zerdrücken und zusammen mit der feingewiegten Petersilie und dem Peperoncino in einer Pfanne mit zwei Eßlöffeln Öl anbraten; die Muscheln abtropfen lassen und hineingeben. Etwa eine Minute köcheln lassen. ◆ Mit dem Weißwein ablöschen, mit Salz und Pfeffer abschmecken und den Herd ausschalten. ◆ Das

VENUSMUSCHELN

Bei Venusmuscheln denkt man in Italien für gewöhnlich sofort an das leckere Spaghetti-Gericht „alle vongole". In der Toskana jedoch landen die kleinen Meeresfrüchte traditionell eher auf „crostini" – das sind kleine geröstete Brotschnitten – als auf Spaghetti. Man kann die Muscheln, wie hier vorgeschlagen, schlicht in Öl, Knoblauch und Petersilie anmachen, aber ebensogut in Tomatensauce garen, sie schmecken scharf gewürzt ebenso wie mild. Die Variante mit dem Fladenbrot gehört zur klassischen Hausmannskost an der ligurischen und toskanischen Küste. Nehmen Sie hierfür die kleinsten Muscheln, sie sind am schmackhaftesten.

Brot in zwei Portionen teilen, halbieren und auf der Innenseite anwärmen. ◆ In der Zwischenzeit den Ricotta mit dem Parmesan in einer Schüssel vermischen und mit der Creme die unteren Brothälften bestreichen. ◆ Die noch warmen Muscheln aus der Pfanne nehmen und auf die Creme verteilen. Mit der Petersilie garnieren und mit der oberen Brothälfte abdecken. ◆ Anstelle von Ricotta können Sie auch Mascarpone nehmen; dafür halbieren Sie die Menge und mischen nur einen Teelöffel Parmesan unter.

andere Brotsorten
Toskanabrot, Landbrot, Baguette

Variante
den Muscheln in der Pfanne etwas fertige Tomatensauce beigeben

Getränke
*Weißwein: Galestro, Bianco di Pitigliano
Bier: Lager, Pilsner*

Vegetarische Panini

Tomaten
mit Auberginencreme

Zutaten

- EIN CIABATTABROT
- EINE SAFTIGE TOMATE
- 70 G AUBERGINEN, GEBRATEN UND IN ÖL EINGELEGT
- 3 ESSLÖFFEL GRIECHISCHER JOGHURT
- OLIVENÖL (KALTGEPRESST)
- 1/4 EINER ZWIEBEL
- EINE KNOBLAUCHZEHE
- EIN ESSLÖFFEL ZITRONENSAFT
- EIN BUND PETERSILIE
- SCHNITTLAUCH
- SALZ

Die Auberginen abtropfen lassen und in kleine Stücke schneiden. ◆ Die Zwiebel hauchdünn schneiden, die Petersilie feinwiegen, die Tomate kleinwürfeln. ◆ Die Auberginenstücke zusammen mit der geschälten Knoblauchzehe, einem Eßlöffel Öl, dem Zitronensaft, dem Joghurt und einer Prise Salz in den Mixer geben und verrühren, bis das Ganze eine homogene cremige Masse ergibt. ◆ Zwiebel und Petersilie in einer Schüssel mit dem Auberginenpüree vermengen und

ziehen lassen. ◆ In der Zwischenzeit das Brot halbieren und auf der Innenseite toasten. Die untere Hälfte mit der Auberginencreme bestreichen, darauf die Tomatenwürfel verteilen, mit dem zerkleinerten Schnittlauch garnieren und einer Prise Salz bestreuen. Das Brot mit der oberen Hälfte wieder zudecken.

andere Brotsorten
*Sojabrot, Bauernbrot,
Toskanabrot*

Variante
*um den Geschmack
der Auberginencreme
hervorzuheben,
mischen Sie einen
Teelöffel grüner
Olivenpaste unter*

Getränke
*aromatischer Weiß-
wein: Chardonnay,
Sauvignon aus dem
Friaul und Südtirol*

TOMATEN

In Italien werden jährlich 6 Millionen Tonnen Tomaten produziert, womit das Land in der Gesamtstatistik, die von den USA mit 10 Millionen Tonnen angeführt wird, den vierten Platz einnimmt. Und in der Tat gibt es eine besondere Beziehung zwischen den Italienern und den Tomaten, die sich auch darin niederschlägt, daß die Italiener im Jahr pro Person 24 kg (frische und eingemachte) der roten Früchte verbrauchen. Wählen Sie für Ihre belegten Brote am besten runde Sorten (längliche sind eher für Saucen geeignet) mit dünner Schale, festem Fleisch und wenig Kernen. Auch wenn man Tomaten heute das ganze Jahr über frisch bekommt, sind sie während ihrer eigentlichen Saison im Sommer am saftigsten.

WUSSTEN SIE, DASS
*die aus der Neuen Welt
eingeführte Tomate
ihrer gelbroten Früchte
wegen zunächst als
Zierfrucht betrachtet
wurde? Erst im
18. Jahrhundert
findet sie Eingang in
kulinarische Abhand-
lungen, 1839 wird sie
erstmals im Zusam-
menhang mit neapo-
litanischen Nudeln
(Vermicelli) erwähnt,
1850 erscheint sie auf
der Pizza.*

Radicchio mit Fontina

Zutaten
- EIN GETREIDEMISCHBRÖTCHEN
- EIN KLEINER KOPF
  RADICCHIO DI TREVISO
- EINE GROSSE SCHEIBE FONTINA (40 G)
- 20 G GERÄUCHERTER MOZZARELLA
- EIN TEELÖFFEL MANDELBLÄTTCHEN
- EIN ESSLÖFFEL MILDER SENF
- EINE HALBE SCHALOTTE
- EIN ESSLÖFFEL BUTTER

Die Mandeln im Backofen oder in der Pfanne rösten und beiseite stellen. ◆ Den Fontina in kleine Würfel schneiden, die Schalotte kleinhacken, den gewaschenen und trockengetupften Radicchio in breite Streifen schneiden. ◆ Die Butter in einer Pfanne zerlassen, die Schalotte darin anschwitzen, den Radicchio dazugeben, mit Salz abschmecken, zuletzt auch den kleingewürfelten Mozzarella

hineingeben. ◆ Sobald der Käse zu schmelzen beginnt, den Herd ausschalten. ◆ Das Brötchen halbieren, auf der Innenseite anwärmen, den noch warmen überbackenen Salat auf die untere Hälfte legen und die Fontina-Würfel darauf verteilen. ◆ Zum Schluß das Ganze mit dem Senf bestreichen, mit den gerösteten Mandeln garnieren und mit der oberen Hälfte des Brötchens wieder abdecken.

andere Brotsorten
Sojabrot, arabisches Fladenbrot

Variante
anstelle von mildem Mozzarella einen kräftigeren Käse nehmen (Provolone, Caciocavallo)

Getränke
aromatischer oder spritziger Weißwein: Pinot Bianco und Grigio, Verduzzo, Prosecco

✪ RADICCHIO DI TREVISO

Dieser Salat aus der Familie der Zichorien, der seit dem Jahr 1900 angebaut wird, gehört zu den wenigen Gemüsesorten, deren Herkunft und Eigenschaften geschützt sind, weshalb seine Produktion auf die Provinzen Treviso, Padua und Venedig beschränkt ist. Das ist kein Zufall, wenn man bedenkt, wie ungewöhnlich Form, Farbe und Geschmack sind. Der frühreife „Radicchio di Treviso" hat schmale rote Blätter, die an der Spitze zusammenlaufen, er ist knackiger und intensiver im Geschmack. Der Radicchio von Castelfranco ist blumenförmig mit rot- und cremeweiß gestreiften Blättern und mildem Geschmack. Sein Anbau ist aufwendig und teilweise nur per Hand möglich. Im Winter gefrieren die äußeren Blätter; dann wird das Herz in nur schwach beleuchtete Treibhäuser verpflanzt. Während der gewöhnliche Radicchio gern als Gemüse zubereitet wird, verwendet man den gestreiften für Salate.

WUSSTEN SIE, DASS *der Radicchio reich an Vitamin A und B2 ist, reinigende, harntreibende, anregende und verdauungsfördernde Eigenschaften besitzt und die Leberfunktionen stärkt?*

Falafel mit dicken Bohnen

Zutaten für zwei Brötchen

- 2 ARABISCHE FLADENBROTE
- 100 G GEKOCHTE DICKE BOHNEN (KONSERVE)
- 100 G GEKOCHTE KICHERERBSEN (KONSERVE)
- 2 ESSLÖFFEL GEHACKTE ZWIEBEL
- 2 ESSLÖFFEL GEHACKTE PETERSILIE
- 2 KNOBLAUCHZEHEN
- EIN TEELÖFFEL KREUZKÜMMEL (GANZE SAMEN)
- EIN TEELÖFFEL GEMAHLENER KORIANDER
- PANIERMEHL
- KEIMÖL
- 2 ESSLÖFFEL SESAMPASTE
- 4 SCHEIBEN TOMATEN
- 2 SALATBLÄTTER
- PFEFFER
- SALZ

Bohnen und Erbsen abtropfen lassen, zuvor etwaige Häutchen entfernen und in den Mixer geben. ◆ Das Püree aus Bohnen und Erbsen mit der Zwiebel, dem kleingehackten Knoblauch und den Gewürzen vermischen; mit Salz abschmecken und einige Minuten im Kühlschrank ziehen lassen. ◆ Aus der vorbereiteten Mischung kirschgroße Bällchen formen, leicht flach drücken und in reichlich heißem Öl unter häufigem Wenden in der Pfanne goldbraun braten. ◆ Das Öl von den kleinen Frikadellen abtropfen lassen, das restliche Fett

SESAM

Die kleinen ovalen cremefarbenen Samen des Sesamkrauts, das in Indien, China und Afrika (aber auch auf Sizilien) wächst, haben einen nussigen Geschmack. Gepreßt ergeben sie ein hochwertiges Öl, das der Gesetzgeber in Italien nicht zufällig zu mindestens 5% in den üblichen Keimölen und Margarinen vorschreibt. Die Sesamsauce Tahin gewinnt man, indem man (z.B. im Reformhaus erhältliche) Sesampaste mit Wasser verdünnt.

mit Küchenkrepp abtupfen und beiseite stellen.

◆ Die Brote mit der Messerspitze öffnen, ohne sie zu zerteilen, die so gewonnenen Taschen mit den– zuvor abgespülten und trockengetupften – Salatblättern auslegen, die Gemüsebällchen einfüllen und mit der Sesamsauce bestreichen.

◆ Mit Tomatenscheiben garnieren und die Panini schließen.

FALAFEL

Die gebratenen Gemüsebällchen sind ein kulinarischer Klassiker des Mittleren Orients. Vor allem durch die reichhaltige Auswahl von Gewürzen unterscheiden sie sich von der ursprünglich bäuerlichen Frikadellenkultur in Süditalien. Sie schmecken warm ebenso lecker wie kalt und man kann sie auch mit Kichererbsenpüree anstelle von Sesamsauce essen.

andere Brotsorten
Baguette,
Ciabatta

Variante
nach Belieben können
Sie auch nur dicke
Bohnen oder nur
Kichererbsen nehmen

Getränke
aromatischer Rotwein:
Corvo, Rosso di
Montalcino, Cabernet
aus dem Friaul

Überbackene Auberginen

Zutaten

- 2 SCHEIBEN LANDBROT
- 60 G GEBRATENE UND IN ÖL EINGELEGTE AUBERGINEN IN SCHEIBEN
- 30 G MOZZARELLA
- 2 ESSLÖFFEL GERIEBENER PARMESANKÄSE
- 2 ESSLÖFFEL FERTIGE TOMATENSAUCE
- EIN PAAR BASILIKUMBLÄTTER
- KEIMÖL
- SALZ

Die Auberginen gut abtropfen lassen und das restliche Fett mit Küchenkrepp abtupfen. ◆ Den Mozzarella in Scheiben schneiden (damit er besser schmilzt). ◆ Eine Brotscheibe mit der Tomatensauce bestreichen, mit ein, zwei Scheiben Auberginen (je nach Größe) belegen, salzen, die Hälfte des Mozzarella darauf verteilen und mit einem Löf-

fel geriebenen Parmesan bestreuen. ◆ Mit denselben Zutaten eine zweite Schicht anlegen, dann das Auberginenbrot zusammen mit der anderen Brotscheibe auf ein mit Alufolie aus-

gelegtes Backblech in den vorgeheizten Backofen schieben. ◆ Nach einigen Augenblicken,
sobald der Mozzarella schmilzt, die Brote wieder herausnehmen und etwas abkühlen lassen.
Das Auberginenbrot mit dem Basilikum garnieren und mit der anderen Brotscheibe abdecken.

✿ PARMIGIANO REGGIANO

Spricht man vom Parmesan als einem Schatz
der italienischen Gastronomie, dann gleichen die
Käsereien, die ihn produzieren, Tresorräumen. In
ihren gewaltigen Kammern lagern die großen runden Formen ein bis drei Jahre, bevor sie in den
Handel kommen, woraus sich im übrigen der hohe
Preis des edlen Hartkäses erklärt. Der echte Parmesan wird nur in den Provinzen Parma, Reggio
Emilia, Modena, Bologna und Padua hergestellt.
Dabei wird Kuhmilch aus zwei Melkvorgängen
aufwendig und manuell verarbeitet, gesalzen und
permanent um Holzachsen gewendet, damit die
Masse gleichmäßig weich und körnig wird. Die Qualität des Parmesans, der bereits in Boccaccios
„Decamerone" dokumentiert ist, wird heute in all
seinen Herstellungsphasen von einem Konsortium überwacht. Er weist einen bescheidenen Fettanteil von 30% bei hohem Pro-
teingehalt auf. Einmal ange-
schnitten, trocknet er nur
langsam, wenn Sie ihn in einem
geschlossenen Gefäß im Kühlschrank aufbewahren.

andere Brotsorten
Bauernbrot,
Krustenbrot, Baguette

Variante
für einen kräftigeren
Geschmack nehmen
Sie einen reifen Provo-
lone statt Mozzarella

Getränke
feuriger, auch
spritziger Rotwein:
Sangiovese, Gutturnio,
Lambrusco

WUSSTEN SIE, DASS
der Parmesan
ursprünglich eine
dunkle Pechrinde
hatte und seine Masse
durch die Beigabe von
Safran gelb war?

Paprika-Omelett
mit Champignonpaste

Zutaten

- 2 SCHEIBEN VOLLKORNBROT
- EIN EI
- EINE ZWIEBEL
- EINE HALBE MÖHRE
- EINE ROTE PAPRIKAHÄLFTE
- EINE GRÜNE PAPRIKAHÄLFTE
- 4 GEKOCHTE UND EINGELEGTE GRÜNE BOHNEN
- SCHNITTLAUCH
- EIN ESSLÖFFEL MILCH
- EIN KNAPPER TEELÖFFEL WEISSMEHL
- 2 ESSLÖFFEL CHAMPIGNONPASTE
- 2 ESSLÖFFEL BUTTER
- SALZ

In einer Schüssel das Ei mit der Milch, einer Prise Salz und dem Mehl verschlagen und einige Minuten im Kühlschrank ruhen lassen. ◆ In der Zwischenzeit die Zwiebel in Ringe, die Möhre und den Paprika in dünne Streifen und den Schnittlauch kleinschneiden. ◆ Einen Eßlöffel Butter in einer Pfanne zerlassen, das Gemüse hineingeben und mit etwas Salz 2-3 Minuten anschwitzen, dann wieder herausnehmen. In derselben Pfanne wiederum einen Eßlöffel Butter erhitzen, die Eimasse hineingeben; sobald sie fest wird, das Gemüse untermischen und weiter ga-

EMPFEHLUNG
Dieses Rezept können Sie gut für Ihr Buffet verwenden, wenn Sie es auf viele kleine Häppchen verteilen. Nehmen Sie dazu kleine Milch-, Sesam- oder Cocktailbrötchen.

ren, bis das Ei eine feste Schicht bildet. Dann das Omelett wenden und zu Ende garen. ◆ Eine Brotscheibe mit der Champignonpaste bestreichen, mit dem Omelett belegen und mit der anderen Brotscheibe zudecken.

PAPRIKASCHOTEN

Auch der Paprika kam – wie die Tomate – aus der Neuen Welt nach Europa, aber im Unterschied zu ihr wurden seine kulinarischen Vorzüge von Anfang an erkannt. Bevor die Neapolitaner die Tomate entdeckten, aßen sie ihre Nudeln für gewöhnlich mit rotem Paprika. Auf den Märkten findet man heutzutage Paprika in allen Variationen: länglich und viereckig, kegelförmig und gekrümmt, gelb, rot, grün, gelbgrün, ja sogar weiß und schwarz. Für gewöhnlich sind die grünen und gelben Schoten lediglich unreife Vorstufen der roten, aber es gibt auch ausgereifte grüne Sorten mit einem leicht pikanten Geschmack. Den Reifegrad prüft man am besten an der Konsistenz und dem Geschmack: knackig-säuerliches Fleisch ist typisch für unreife, weich-süßliches für reife Früchte. Vor dem Verzehr wird die Paprikaschote gründlich gewaschen, geöffnet und von den weißen Rippchen ebenso gesäubert wie von den Kernen, die das scharfe Kapsizin enthalten.

andere Brotsorten
Getreidemischbrot, Sojabrot, Bauernbrot

Variante
mit einigen Würfeln Mozzarella können Sie dem Omelett einen zarteren Geschmack verleihen

Getränke
aromatischer Weißwein: Sauvignon, Riesling, Sylvaner

Omelett mit Taleggio, Pilzen und Zucchini

Zutaten

- EIN CIABATTA-BRÖTCHEN
- 50 G TALEGGIO
- EIN EI
- 3 CHAMPIGNONS
- EIN STEINPILZ
- 2 SPARGELSPITZEN
  (IM EIGENEN SAFT KONSERVIERT)
- EIN ESSLÖFFEL PARMESAN, GERIEBEN
- EINE KNOBLAUCHZEHE
- EIN BUND PETERSILIE
- EIN ESSLÖFFEL TATARSAUCE
- OLIVENÖL
- SALZ

Die Pilze putzen und in dünne Scheiben schneiden, die Petersilie kleinhacken, den Taleggio in kleine Würfel schneiden. ◆ Die Zwiebel in Ringe schneiden, den Knoblauch zerdrücken, beides mit wenig Öl in der Pfanne anschwitzen; den Knoblauch wieder herausnehmen, Pilze und Spargelspitzen hineingeben und bei starker Hitze kurz sautieren. ◆ In einer Schüssel das Ei mit

dem Parmesan und einer Prise Salz verschlagen und zum Gemüse in die Pfanne geben; bevor das Omelett fest wird, mit einer Palette aufrollen und zu Ende garen. ◆ Das Brot halbieren, das in Medaillons geschnittene Omelett auf der unteren Hälfte verteilen, mit der Tatarsauce bestreichen und schließen.

✪ TALEGGIO

Im 10. Jahrhundert schon ließ man die Formen dieses Kuhmilchkäses in den Grotten des Val Taleggio reifen. Und wenn er heute auch in modernen Käsereien produziert wird, so haben sich die Bedingungen, Verfahren und Reifezeiten (35-40 Tage) seither trotzdem nicht geändert. Lediglich das Herstellungsgebiet hat sich erweitert und umfaßt heute die lombardischen Provinzen Bergamo, Brescia, Como, Cremona, Lecco, Lodi und Pavia; darüberhinaus Novara in Piemont sowie Treviso in Venetien. Die viereckigen Formen zeigen eine rosafarbene, mit graugrünen Schimmelflecken durchsetzte Rinde. Unter der Rinde ist die weiße bis strohgelbe Masse weicher, in der Mitte härter, weil der Käse von außen nach innen reift.

andere Brotsorten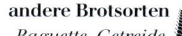
Baguette, Getreidemischbrot, Landbrot

Variante
Sauce Béarnaise bzw. Champignon- oder Artischockencreme anstelle von Tatarsauce

Getränke
Rotwein: Merlot, Barbera
Bier: Doppelbock

EMPFEHLUNG
Bewahren Sie den Taleggio in seiner Originalverpackung auf, im Kühlschrank hält er sich wochenlang. Sie können ihn aber auch ohne Qualitätsverlust einfrieren.

Käse-Omelett
mit grüner Creme

Zutaten

- EIN STÜCK BAGUETTEBROT
- 2 EIER
- 40 G ASIAGO
- 30 G MOZZARELLA
- 2 TEELÖFFEL PARMESAN (GERIEBEN)
- 3 ESSLÖFFEL ARTISCHOCKENCREME
- 2 ESSLÖFFEL GEKOCHTER SPINAT
- EIN NUSSGROSSES STÜCK BUTTER
- PFEFFER
- SALZ

Das Brot der Länge nach aufschneiden und aufklappen, ohne die Kruste zu beschädigen, einen Teil der Krume herausnehmen. ◆ Den Hartkäse in kleine Würfel schneiden, den Mozzarella ebenfalls zerkleinern. ◆ In einer Schüssel die Eier mit etwas Salz gut verschlagen, in eine Pfanne mit zerlassener Butter geben. ◆ Sobald das Omelett fest wird, den geriebenen Parmesan und den gewürfelten Hartkäse hineingeben, mit

SPINATCREME

Mit Spinat können Sie auch die folgende Creme zubereiten, die sehr gut zu Brötchen mit kräftigem oder pikantem Käse oder Shrimps paßt: Verrühren Sie im Mixer 2 Handvoll gekochten und gut ausgedrückten Spinat mit einem Eßlöffel Pinienkernen, 2 Eßlöffeln reifem Montasio oder Emmentaler und 2 Eßlöffeln kaltgepreßtem Olivenöl. Vermischen Sie das Ganze anschließend in einer Schüssel mit 2 Eßlöffeln Ziegenfrischkäse. Würzen Sie mit Salz und Muskatnuß und bewahren Sie die Creme im Kühlschrank auf, wo sie sich einige Tage halten wird.

EMPFEHLUNG
Dieses Panino können Sie in Scheiben schneiden und so köstliche Häppchen für ein Gästebuffet gewinnen.

einer Palette bei kleiner Flamme verrühren, bis das Ei ganz fest ist, dann den Mozzarella dazugeben und schmelzen lassen. Vom Herd nehmen und etwas abkühlen lassen. ◆ In der Zwischenzeit die Artischockencreme mit dem gut ausgedrückten Spinat und einer Prise Salz im Mixer zu einer homogenen Masse verrühren. ◆ Das Brotinnere mit der grünen Creme bestreichen, ein paar Teelöffel aufsparen und auf das Omelett streichen, das anschließend zusammengerollt und in das Brot gelegt wird. ◆ Zum Schluß das Brot wieder schließen und 15 Minuten im Kühlschrank ruhen lassen, damit sich die Zutaten verfestigen. Vor dem Essen wieder auf Zimmertemperatur erwärmen lassen.

andere Brotsorten
alle Weißbrote mit weicher Krume

Variante
geräucherter halbfester Frischkäse wie Provola oder Scamorza anstelle von Mozzarella

Getränke
Weißwein: Vermentino, Soave, Trebbiano

Käse-Carpaccio mit Currysauce

Zutaten

- EIN BAGUETTEBRÖTCHEN
- 20 G FRISCHER CACIOCAVALLO
- 20 G PARMESAN
- 20 G PECORINO SARDO
- 2 ESSLÖFFEL CURRYSAUCE
- OLIVENÖL (KALTGEPRESST)
- 2 TEELÖFFEL MANDELBLÄTTCHEN
- 1 TEELÖFFEL FRISCHKÄSE
  (TYP FIOR DI CERTOSA)

Den Hartkäse mit einem Kartoffelschäler in dünne Blättchen hobeln. Dieser Arbeitsschritt läßt sich leichter bewerkstelligen, wenn Sie den Käse sofort nach der Entnahme aus dem Kühlschrank weiterverarbeiten. ◆ In einer Schüssel den Frischkäse mit der Currysauce vermischen, bis sie eine homogene cremige Masse ergeben. Dann unter ständigem Rühren mit einem Teelöffel Öl verdünnen. ◆ Die Mandelblättchen im Backofen oder in der Pfanne rösten und untermischen. Ein paar Minuten ruhen lassen. ◆ In der Zwischenzeit nehmen Sie das Brot, halbieren es und wärmen es auf der Innenseite an. ◆ Anschließend verteilen Sie

den feingehobelten Käse – leicht übereinandergelagert – auf der unteren Hälfte des
Panino, bestreichen es mit der Curry-Mandel-
Sauce und decken zum Schluß das Ganze mit
der anderen Hälfte wieder zu.

✪ PECORINO ROMANO

Schafskäse ist seit den Zeiten sumerischer Hirten bekannt und damit wahrscheinlich der älteste Käse der Welt.
Noch heute verfährt man bei der Herstellung des Pecorino Romano wie die
einstmals römischen Bauern im 1. Jahrhundert n. Chr. Daß er heute der weltweit
bekannteste Käse Italiens ist, geht auf
die mit der Massenemigration am Anfang dieses Jahrhunderts einsetzende
Nachfrage der Auswanderer zurück. Um
diese zu befriedigen, wurde die Produk-

tion auch auf Sardinien ausgeweitet (Pecorino sardo oder Fiore sardo), wobei ein
Konsortium die Authentizität des
Produkts streng überwacht. Der
Hartkäse wird in großen runden
Formen mit einer zuweilen auch
schwarz bemalten Rinde
zwischen 5 und 9 Monaten gelagert. Der junge
Pecorino hat einen
milden, süßlichen
Geschmack, der reife
eignet sich hervorragend zum Reiben.

andere Brotsorten
Bauernbrot, Milchbröt
chen, Cocktailbrötchen

Variante
anstelle von
Currysauce eine
milde Senfsauce

Getränke
süffiger Rotwein:
Dolcetto, Teroldego,
Cabernet Sauvignon;
Bier: Doppelbock

Käse-Carpaccio mit Balsamicosauce

Zutaten

- EIN SOJABRÖTCHEN
- 40 G MONTASIO
- 20 G PROVOLONE
- 20 G PECORINO TOSCANO
- 20 G ASIAGO
- BALSAMICO-ESSIG
- OLIVENÖL (KALTGEPRESST)
- EIN TEELÖFFEL EINGELEGTE ROSA PFEFFERKÖRNER
- EIN RADIESCHEN
- EIN ESSLÖFFEL SOJASPROSSEN

Den Käse aus dem Kühlschrank nehmen und mit einem scharfen Messer oder dem Kartoffelschäler feinhobeln (wenn er kalt ist, läßt er sich besser verarbeiten). Beiseite stellen. ◆ In einer Schüssel einen Eßlöffel Öl mit einem Teelöffel Balsamico-Essig vermischen, den rosa Pfeffer abtropfen lassen und dazugeben. Beiseite stellen und

✪ MONTASIO

Das Futter in den Alpenausläufern des Friaul ist das Geheimnis für die gute Milch des Montasio, eines mild-kräftigen Hartkäses, dessen Existenz seit dem 12. Jahrhundert verbürgt ist. Seine Verarbeitung erfolgt noch heute nach den traditionellen Verfahren. Die Milch wird mit Milchsäurebakterien versetzt, geronnen, gepreßt, in einer Salzlake gesalzen und auf Holzbrettern in entsprechenden Kammern gereift. Der große runde Laib wiegt 5 bis 9 kg und trägt am Rand den Kontrollstempel des Konsortiums. Die harte Rinde schützt die strohfarbene, milchige Masse, die mit der Zeit härtet und im Geschmack konzentrierter wird. Frischer Montasio ist in der Regel zwei Monate alt, wenn er in den Handel kommt, der reife fünf Monate. Für dieses Rezept sollten Sie den jungen verwenden.

ziehen lassen. ◆ Das Brot halbieren, wenn Sie mögen, auf der Innenseite anwärmen ◆ Dann den Käse gleichmäßig auf der unteren Brötchenhälfte verteilen, mit dem gewaschenen, trockengetupften und in dünne Scheibchen geschnittenen Radieschen und den Sojasprossen garnieren. ◆ Schließlich das Ganze mit der Balsamicosauce beträufeln und das Panino wieder zusammensetzen.

andere Brotsorten
Baguette, Olivenbrot, Milchbrötchen

Variante
eine milde Sojasauce anstelle von Balsamico-Essig

Getränke
Weißwein:
Tocai del Collio, Sauvignon, Verduzzo, Pinot Grigio
Bier: Lager

Pecorino und Mozzarella mit gebratenem Gemüse

Zutaten

- 2 SCHEIBEN TOSKANABROT
- 40 G PECORINO TOSCANO
- 2 SCHEIBEN BÜFFELMOZZARELLA (30 G)
- 2 GEBRATENE PAPRIKASTREIFEN IN ÖL
- EIN GEBRATENER STEINPILZ IN ÖL
- SCHNITTLAUCH
- SALZ

Die Paprikastreifen und den Steinpilz gut abtropfen lassen und kleinschneiden. ◆ Das Brot von beiden Seiten knusprig toasten, anschließend eine Scheibe erst mit dem ebenfalls gut abgetropften Mozzarella, dann abwechselnd mit den Paprikastreifen und dem Steinpilz beschichten. ◆ Den Pecorino mit dem Kartoffelschäler oder einem Küchenmesser feinhobeln und die Blättchen gleichmäßig

auf dem Gemüse vertei-
len. ◆ Zum Schluß das
Ganze mit dem zerkleiner-
ten Schnittlauch garnieren und das Panino mit
der anderen Weißbrotscheibe zudecken.

andere
Brotsorten
Landbrot, Bauernbrot,
Getreidemischbrot

Variante
gegrillte
Auberginen
anstelle von
Paprika;
frische
Minze statt
Schnittlauch

Getränke
Rotwein: Chianti,
Morellino di Scansano,
Rosso delle Colline
Lucchesi
Bier: Lager

✿ PECORINO TOSCANO

Schafskäse kann in Italien ganz verschieden ausfallen, je nachdem, wo er produziert wird. In Latium
und Sardinien überwiegt der salzige Geschmack,
in Sizilien die Schärfe, während für den Pecorino
Umbriens und der Toskana eine mild-süße Note
charakteristisch ist, die er auch nach der Reifung
beibehält, wenn das Pikante sich zart andeutet.
Dieser uralte, strohfarbene Hartkäse wird unter
der Aufsicht eines Konsortiums in
der ganzen Toskana sowie in Teilen
Umbriens und des Latiums hergestellt. Er ist nach einem Monat ver-
zehrfertig, kann aber auch 6 Monate lagern. Bekannt sind vor allem
der frische Pecorino aus der Gar-
fagnana, der alte aus der Marem-
ma grossetana, die Hochlandver-
sion aus Monte Amiata (mit weißer,
kreidiger Masse und etwas säuerli-
chem Geschmack) und der aus Pien-

za, an dessen gelber bzw. roter Rinde man erkennt,
daß er nach altem volkstümlichen Brauch mit Öl
bzw. Tomaten angesetzt wurde.

Büffelmozzarella
mit Tomaten

Zutaten

- 2 SCHEIBEN LANDBROT
- 70 G BÜFFELMOZZARELLA
- EINE KLEINE REIFE TOMATE
- EINE HALBE GURKE
- OLIVENÖL (KALTGEPRESST)
- EIN PAAR BASILIKUMBLÄTTER
- SALZ

Den Mozzarella gut abtropfen lassen, in Scheibchen schneiden und mit Küchenpapier trockentupfen. ◆ Die geschälte Gurke und die Tomate ebenfalls in Scheibchen schneiden. Die Tomatenkerne entfernen, dann die Basilikumblätter waschen und gut abtropfen lassen. ◆ Dann das Brot von beiden Seiten knusprig toasten (damit es die Feuchtigkeit der Zutaten aufnehmen kann), den Belag – Mozzarella, Tomate und Gurke – abwechselnd ziegelförmig auf das Brot schichten. ◆ Zum Schluß leicht salzen und nach Belieben mit etwas Öl beträufeln. Mit dem Basilikum garnieren und mit der zweiten Brotscheibe zudecken.

WUSSTEN SIE, DASS
man in Kampanien den sogenannten „insalata caprese" (nach den saftigen Tomaten von Capri) aus Büffelmozzarella, Tomaten, Gurke und Basilikum nach dem Anmachen in der Regel eine Weile ruhen läßt, damit die Geschmacknuancen sich besser vermischen? Probieren Sie es auch bei ihren Brötchen.

✪ BÜFFELMOZZARELLA

Was wäre der berühmte „insalata caprese" ohne den Büffelmozzarella? In einigen Gegenden Kampaniens und des Latiums wird dieser Frischkäse mit der weichen, elastischen Masse und dem molkig-säuerlichen Geschmack hergestellt, den Feinschmecker für die Krönung der Mich-

produkte halten. Ein Konsortium wacht streng darüber, daß ausschließlich Milch von freilaufenden Büffelkühen verwendet wird. Der Büffelmozzarella wird meist in porzellanweißen Kugeln angeboten, seltener in Zöpfen oder Häppchen. Er sollte ganz frisch verzehrt werden, gegebenenfalls einen Tag in der eigenen Molke im Kühlschrank aufbewahrt, ansonsten verkocht werden.

andere Brotsorten
Bauernbrot, Krusten-
brot, Weißbrot

Variante
Sie können das Brot
auch mit etwas
schwarzer Olivenpaste
bestreichen

Getränke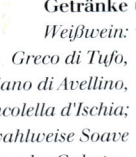
Weißwein:
Greco di Tufo,
Fiano di Avellino,
Biancolella d'Ischia;
wahlweise Soave
Classico oder Galestro;
Bier: Weizenbier

Crescenza
mit Oliventatar und Kapern

Zutaten

- 2 SCHEIBEN TOSKANABROT
- 40 G CRESCENZA (AUCH SCHICHTKÄSE MÖGLICH)
- 3 ENTKERNTE SCHWARZE OLIVEN
- EIN ESSLÖFFEL IN ESSIG EINGELEGTE KAPERN
- FRISCHER THYMIAN UND OREGANO
- EIN BUND BASILIKUM
- OLIVENÖL (KALTGEPRESST)
- EINE KNOBLAUCHZEHE (NACH BELIEBEN)
- PFEFFER
- SALZ

In einer Schüssel die kleingehackten Oliven und Kapern, die sie zuvor unter fließendem Wasser gewaschen und gut ausgedrückt haben, und die Kräuter mit 2 Eßlöffeln Öl, Salz und Pfeffer anmachen und einige Augenblicke ruhen lassen. Ein paar Basilikumblätter aufsparen. ◆ In der Zwischenzeit das Brot von beiden Seiten toasten und die Scheiben anschließend nach Belieben mit einer Knoblauchzehe ein-

▼▼▼▼▼▼▼▼▼▼▼▼▼▼▼▼▼▼▼▼▼▼▼▼▼▼▼▼▼▼▼▼▼

CRESCENZA

Dieser rindenlose lombardische Frischkäse mit weicher streichfähiger Masse ist nicht nur wegen seines niedrigen Fettgehalts von 13% unter kalorienbewußten Verbrauchern überaus beliebt. Auch sein einschmeichelnder, leicht „adstringierender" Geschmack, der sich sehr gut mit säuerlichen Zutaten verbindet, wird von Feinschmeckern geschätzt. Den Crescenza, der in der Lombardei auch „stracchino" genannt wird, sollte man in kleinen Mengen kaufen und in seiner Verpackung im Kühlschrank aufbewahren, da er sich nicht lange hält und schon nach wenigen Tagen einen bitteren Geschmack annehmen kann.

reiben. ◆ Dann den Crescenza mit einem Buttermesser gleichmäßig auf einer Brotscheibe verstreichen und darauf den Oliven-Kapern-Tatar geben. ◆ Zum Schluß das Ganze mit den übrigen Basilikumblättern garnieren und mit der zweiten Brotscheibe das Panino schließen.

OLIVEN

Im Gegensatz zur landläufigen Meinung handelt es sich bei grünen und schwarzen Oliven nicht um zwei verschiedene Sorten, sondern um zwei unterschiedliche Reifegrade. Die dunkle Färbung ist eine Folge der stärkeren Pigmentierung bei der reiferen Frucht. Da frisch gepflückte Oliven bitter und leicht verderblich sind, werden sie (z. B. in Apulien oder Ascoli) in Kalkwasser und Soda „gesüßt" und anschließend in Salzlake oder Öl eingelegt. Nehmen Sie für dieses Rezept kleine bis mittelgroße Früchte, für einen kräftigeren Geschmack mit Paprika oder Sardellen gefüllte.

andere Brotsorten
Landbrot,
Bauernbrot

Variante
eingelegte Artischocken
und Mixed Pickles oder
ein Eßlöffel kleinge-
hackte frische Gurke
statt Oliven und Kapern

Getränke
Rosé aus Sardinien
oder der Toskana
Bier: Weizenbier

Käsewürfel
mit pikanter Sauce

Zutaten

- EIN ROSMARINBRÖTCHEN
- 40 G MILDER GORGONZOLA
- 30 G QUARTIROLO (WAHLWEISE BEL PAESE)
- 30 G EMMENTALER
- EINE STANGE SELLERIE
- EIN ESSLÖFFEL WALNÜSSE
- EIN PALMENHERZ
- 2 ESSLÖFFEL MAYONNAISE
- 2 TEELÖFFEL MASCARPONE
- SCHARFER PAPRIKA
- OLIVENÖL (KALTGEPRESST)
- EIN ZARTES BLATT RÖMERSALAT

Das Palmenherz in Scheibchen, den Sellerie in kleine Stücke und den Käse in Würfel schneiden. ◆ In einer Schüssel die Mayonnaise mit dem Mascarpone und einem halben Teelöffel scharfem Paprika vermischen; mit etwas Öl verdünnen. ◆ Einen Teil der Sauce beiseite stellen, den Käse mit dem Palmenherz und dem Sellerie unter die andere Hälfte mischen.

◆ Das Brötchen halbieren und erwärmen. Die untere Hälfte mit der restlichen Sauce bestreichen, darauf die mit dem Palmenherz, dem Sellerie und der Sauce vermischten Käsewürfel verteilen. ◆ Mit den grobgehackten Nüssen und dem Salatblatt garnieren und das Panino wieder zusammensetzen.

PAPRIKAPULVER

Mit der Paprikaschote kam im 16. Jahrhundert auch das Paprikagewürz aus der Neuen Welt nach Europa. Dazu werden die Schoten getrocknet, von Häutchen und Kernen gereinigt und zu Pulver zermahlen. Seine kulinarische Verwendung ist seit dem 19. Jahrhundert dokumentiert, namentlich in Ungarn, wo das Pulver seitdem Fleischgerichte wie etwa das Gulasch würzt, das bald auch in Norditalien heimisch werden sollte. Es gibt rosafarbenen „süßen" (d.h. milden) und etwas dunkleren scharfen Paprika im Handel. Doch ungeachtet solcher Etikettierungen gibt es keinen verläßlichen Standard für dieses Gewürz, nur eine Kostprobe kann hier Gewißheit verschaffen. Im übrigen ist Paprika mehr ein Duft als ein Geschmack, und ein sehr flüchtiger obendrein. Verschließen Sie das Pulver daher sofort nach Gebrauch luftdicht und bewahren Sie es an einem trockenen Ort auf. Seine Würzkraft beginnt ohnehin schon nach wenigen Wochen nachzulassen.

andere Brotsorten
Baguettebrötchen,
Cocktailbrötchen

Variante
wenn Sie es schärfer
mögen, nehmen Sie an-
stelle von Paprika ein
paar Tropfen Tabasco,
die typische Cocktail-
sauce auf der Basis von
Chilli und Essig

Getränke
aromatischer
Weißwein: Sylvaner,
Müller-Thurgau,
Chardonnay
Bier: Strong Ale

Grüner Ricotta mit grünen Bohnen und Artischocken

Zutaten

- EIN KARTOFFELBRÖTCHEN
- 3 ESSLÖFFEL FRISCHER RICOTTA
- 2 TEELÖFFEL PESTOSAUCE
- 6 GEKOCHTE GRÜNE BOHNEN, (IM EIGENEN SAFT)
- EIN GROSSES ARTISCHOCKENHERZ, EINGELEGT
- PARMESANKÄSE
- OLIVENÖL (KALTGEPRESST)
- EINE HANDVOLL FELDSALAT
- SALZ

Die Bohnen abtropfen lassen, trocknen und auf einem Schneidbrett in kurze Stäbchen schneiden. ◆ Nun die Artischocke ebenfalls gut abtropfen lassen, zerteilen und in kleine Ecken schneiden. ◆ In einer Schüssel mit einer Gabel den Ricotta mit der Pestosauce und einer Prise Salz vermischen. Sie

RICOTTA

Die historischen Spuren dieses Milchprodukts führen bis in das Alte Testament zurück. Die bäuerliche Herkunft konnte seinen Erfolg nicht verhindern: bei den Banketten des Lukullus und Petronius im antiken Rom fehlte es ebensowenig wie im Mittelalter Boccaccios, der es als Grundlage eines Desserts mit Zucker und Zimt rühmt. Der Ricotta wird aus der erhitzten Molke von Kuh- oder Schafsmilch gewonnen. Bei 85-90° C kommen Proteine und Fette an die Oberfläche und bilden eine weiche und cremige Schicht. Seine Beschaffenheit variiert je nach Region, in Piemont fällt der Ricotta cremiger, im Latium trockener aus, während es im Süden regelrechte Spezialitäten gibt. In Kalabrien wird er zusammen mit Pecorino im Ofen gebacken und mal geräuchert, mal gesalzen oder zum Reibekäse gereift; in Apulien fällt er vor allem im Frühling pikanter aus.

können das Ganze auch mit ein paar Tropfen Öl verdünnen. ◆ Das Brötchen halbieren und auf der Innenseite anwärmen. ◆ Den zubereiteten grünen Ricotta mit einem Buttermesser gleichmäßig auf die untere Hälfte des Brötchens streichen, darauf die Bohnen und die Artischockenstücke verteilen. ◆ Mit Hilfe eines Kartoffelschälers oder eines Küchenmessers ein paar Blättchen vom Parmesan hobeln und auf die Füllung legen. ◆ Zum Schluß das Ganze mit dem gewaschenen und trockengetupften Feldsalat garnieren und das Panino wieder zusammensetzen.

andere Brotsorten
*Rosmarinbrötchen,
Kürbisbrötchen,
Cocktailbrötchen*

Variante
*sahniger Joghurt
oder Robiola statt
Ricotta; gesalzener
Ricotta statt
Parmesan*

Getränke
*aromatischer
Weißwein: ligurischer
Pigato oder Vermentino, Frascati Superiore*

Formagella
mit Kürbisblütensalat

Zutaten

- EIN KÜMMELBRÖTCHEN
- 80 G FORMAGELLA (WAHLWEISE PETIT SUISSE)
- 2 KÜRBISBLÜTEN
- 2 ENTKERNTE GRÜNE OLIVEN
- 1/4 EINER ROTEN ZWIEBEL
- OLIVENÖL (KALTGEPRESST)
- ETWAS FRISCHE MINZE, OREGANO UND BASILIKUM
- EIN PAAR KÖRNER EINGELEGTER ROSA PFEFFER
- EINE ORANGENSPALTE
- 2 TEELÖFFEL ZITRONENSAFT

In einer Schüssel 2 Eßlöffel Öl, die enthäutete und entkernte Orangenspalte, eine Prise Salz, den rosa Pfeffer und die kleingehackten frischen Gewürze vermischen. ◆ Den kleingewürfelten Käse dazugeben, das Ganze gut vermengen und ein paar Minuten ruhen lassen. ◆ In der Zwischenzeit die Oliven in grobe Stücke hacken. Die Zwiebel in Ringe schneiden und unter fließendem Wasser abwaschen, um das intensive Aroma zu mildern. Anschließend gut abtropfen lassen. ◆ Die Kürbisblüten waschen und trockentupfen, dann halbieren und den Blütenstempel entfernen. ◆

Dann das Brötchen halbieren und einen Teil der Krume entfernen. Die untere Hälfte mit den angerichteten Käsewürfeln belegen. ◆ Darauf die Zwiebel mit den Oliven und den Kürbisblüten gleichmäßig verteilen. ◆ Zum Abschluß das Ganze mit der verbleibenden Vinaigrette beträufeln und das Panino wieder zusammensetzen.

FORMAGGELLE UND TOMINI

In Piemont und im Aostatal gibt es einen regelrechten Kult um die kleinen Käseformen, die „formagelle" und „tomini" genannt und aus reiner Kuhmilch oder aus Kuh- und Schafsmilch hergestellt werden. Ihre Masse ist von schmelzender Konsistenz und nuancenreichem Geschmack, der sich gut mit Bauernbrot und eleganten Rot- oder weißen Likörweinen verbindet. Man findet sie gelegentlich in Öl eingelegt oder mit Trüffeln aromatisiert. Darüber hinaus wird in allen Regionen Norditaliens Kuhmilchkäse ohne Rinde produziert, mit kompakter und etwas elastischer Masse, die zwar nicht ganz so „vornehm" wie die „tomini" sind, sich aber geschmacklich mit erstaunlich vielen Zutaten verbinden können. Diesen Käse sollten Sie so schnell wie möglich verzehren, da er ziemlich schnell austrocknet. Bewahren Sie ihn auf jeden Fall im Kühlschrank auf.

andere Brotsorten
Krustenbrot,
arabisches Fladenbrot

Variante
für einen kräftigeren
Geschmack geben Sie
einen Teelöffel Tatar-
sauce in die Vinaigrette

Getränke
aromatischer
Weißwein: Verduzzo,
trockener Malvasia,
Trebbianino

Quartirolo
mit Mittelmeersalat

Zutaten

- EIN ARABISCHES FLADENBROT
- 40 G QUARTIROLO (WAHLWEISE PETIT SUISSE)
- EINE KLEINE GURKE
- EINE HALBE GRÜNE PAPRIKASCHOTE
- EIN HALBE ROTE PAPRIKASCHOTE
- EINE HALBE ROTE ZWIEBEL
- 4 CHERRYTOMATEN
- 3 SCHWARZE OLIVEN
- FRISCHE MINZE UND OREGANO
- OLIVENÖL (KALTGEPRESST)
- WEISSWEINESSIG
- SALZ

Die Gurke in Scheibchen schneiden, die Paprikahälfte von den weißen Rippchen und Kernen reinigen und in möglichst dünne Streifen zerteilen. ◆ Die Zwiebel in Ringe und die Oliven in Scheibchen schneiden und die Tomaten in Stücke zerkleinern. Alles beiseite stellen ◆ Für die Sauce die Kräuter kleinhacken und mit einem Eßlöffel Öl, einem Teelöffel Essig

✪ QUARTIROLO

Dieser Käse, der seinen Namen seiner quadratischen Form verdankt, wird in allen Provinzen der Lombardei produziert. Seine zarte Masse hat einen leicht säuerlichen oder aromatischen Geschmack, je nachdem ob er frisch oder gereift ist. Seine Herstellung geht auf eine alte Tradition zurück und wird noch heute in Kleinbetrieben manuell bewerkstelligt. Er wird aus Kuhmilch gewonnen und handgesalzen. Nach 5 Tagen ist der Frischkäse handelsfertig, der reife Käse benötigt für seine schmelzende Masse und sein Aroma etwa einen Monat. Für dieses Rezept eignet sich der frische Quartirolo, dessen säuerlicher Geschmack gut zu Paprika paßt. Kaufen Sie ihn in kleinen Mengen, da er schnell nachreift.

sowie einer Prise Salz in eine Schüssel geben. Gründlich vermischen und einen Augenblick ziehen lassen. ◆ In der Zwischenzeit den Käse in kleine Würfel schneiden, mit dem geschnittenen Gemüse in die vorbereitete Vinaigrette geben und alles gut vermischen. ◆ Zum Schluß da's Brot von beiden Seiten leicht anwärmen, zu einer Tasche öffnen und den fertigen Käsesalat hineinfüllen.

ZAZIKI

Als Alternative zu der Vinaigrette können Sie diesen Salat auch mit der griechischen Joghurtsauce Zaziki anmachen. Die Zubereitung ist ganz einfach: Zerhacken Sie eine Knoblauchzehe und eine kleine geschälte Gurke und vermischen Sie beides mit einem Naturjoghurt. Schmecken Sie mit etwas Salz, ein paar Tropfen Zitronensaft und einem Teelöffel Öl ab und rühren Sie das Ganze gut durch. Um den säuerlichen Geschmack besser hervorzuheben, geben Sie der Soße etwas frische Minze oder Dill bei. Diesen Aufstrich sollten Sie am besten sofort verzehren.

andere Brotsorten
Ciabatta oder Baguette ohne Krume

Variante
Feta anstelle von Quartirolo

Getränke
würziger Weißwein: Franciacorta, Riesling, Veltliner, Retsina

Asiago mit Gemüse

Zutaten

- EIN GROSSES, RUNDES BRÖTCHEN
- 50 G ASIAGO (AUCH FONTINA ODER BEL PAESE)
- 20 G GERÄUCHERTER PROVOLONE
- 5 GRÜNE BOHNEN, GEKOCHT UND EINGELEGT
- EIN THYMIANZWEIG
- ETWAS KERBEL
- EIN HARTGEKOCHTES EI
- 4 CHERRYTOMATEN
- 3 EINGELEGTE SCHWARZE OLIVEN
- 2 ESSLÖFFEL KALTGEPRESSTES OLIVENÖL
- EIN ESSLÖFFEL APFELESSIG
- PFEFFER
- SALZ

Zunächst das Ei, die grünen Bohnen und die Tomaten in kleine Stücke, den Käse in kleine Würfel und die abgetropften und entkernten Oliven in Scheibchen schneiden. ◆ Sämtliche Zutaten in einer Schüssel mit dem Öl, einer Prise Salz, etwas Pfeffer und dem Apfelessig vermischen. ◆ Anschließend mit dem Kerbel und dem Thymian würzen und eine Weile ziehen lassen. ◆ In der Zwischenzeit die obere Hälfte des Bröt-

chens wie einen Deckel aufschneiden und die Krume teilweise entfernen, ohne dabei die Kruste zu beschädigen. ◆ Den Käsesalat mit einem Löffel in das Brot einfüllen und zum Schluß das Panino mit dem Deckel wieder schließen.

andere Brotsorten
arabisches
Fladenbrot

Variante
statt Bohnen ein in Öl
eingelegtes, in dünne
Scheibchen geschnitte-
nes Artischockenherz

Getränke
leichter Rotwein:
Colli Berici, Tokaj,
Breganze, Valpolicella

✪ ASIAGO

Die Geschichtsschreibung berichtet, daß die Nachkommen der germanischen Kimbern bereits im 10. Jahrhundert auf der Hochebene von Asiago einen schmackhaften Schafskäse produzierten. Der Kuhmilch-Asiago hingegen ist seit dem 16. Jahrhundert verbürgt, und zwar zunächst als Hartkäse mit kräftigem, leicht pikanten Geschmack. Als solcher ist er heutzutage eher seltener anzutreffen, während sich die Frischkäse-Version dagegen wachsender Beliebtheit erfreut. Die von einem Konsortium beaufsichtigte Herstellung ist auf ein Gebiet an der Grenze zwischen Venetien und Südtirol beschränkt und befindet sich zu 90% in der Hand von Kleinbetrieben. Es gibt zwei Sorten Asiago auf dem Markt: den vier Monate lang gereiften und den frisch gepreßten, einen Monat alten, wie er für dieses Rezept gebraucht wurde und der sich durch eine strohfarbene Masse, markante und unregelmäßige Löcherung sowie einen milchigen Geschmack auszeichnet.

Gorgonzolacreme mit Chicorée

Zutaten

- EIN MILCHBRÖTCHEN
- 50 G MILDER GORGONZOLA
- 30 G SCHWEIZER EMMENTALER
- EIN ESSLÖFFEL MASCARPONE
- OLIVENÖL (KALTGEPRESST)
- BRANDY
- 3 BLÄTTER CHICORÉE
- PFEFFER
- SALZ

Den gewaschenen und trockengetupften Chicorée auf einem Schneidbrett in dünne Scheiben und den Emmentaler in kleine Würfel schneiden. Alles beiseite stellen ◆ Danach den Gorgonzola ebenfalls zerkleinern, mit einer Gabel in einer Schüssel zerdrücken und mit dem Mascarpone, einem Teelöffel Brandy, einem Teelöffel Öl sowie etwas Salz und Pfeffer zu

einer cremigen Masse verrühren. ◆ Zuletzt den Chicorée vorsichtig untermischen. ◆ Das Brötchen halbieren und auf der Innenseite anwärmen. Anschließend die untere Hälfte gleichmäßig mit der vorbereiteten Käse-Chicorée-Creme bestreichen. ◆ Zum Abschluß die Emmentaler-Würfel darauf verteilen und das Panino wieder schließen.

andere Brotsorten
Bauernbrot, Krustenbrot, Cocktailbrötchen

Variante
Radicchio Trevisano anstelle von Chicorée; Likörwein statt Brandy

Getränke
feuriger Rotwein: Barbera (zur Vesper); Portwein (zum Buffet)

✪ GORGONZOLA

Der weiche, milde Gorgonzola ist heute mehr gefragt als der kräftige, von Schimmel überzogene mit seiner spröden Masse und seinem scharfen Geschmack, dessen Existenz bereits seit dem 9. Jahrhundert dokumentiert ist. Dieser „alte" Gorgonzola reift mit anderen Sporen als der milde. Das Herstellungsverfahren ist recht aufwendig, die Dosierung der Rohmilch, von Fermenten, Lab und Sporen, das Salzen und Stechen der Luftlöcher für das Wachstum der Pilze – das alles muß von Expertenhand sorgfältig ausgeführt werden. Etwa 60 Käsereien haben sich im Piemont und der Lombardei darauf spezialisiert und lassen ihre Produktion von einem Konsortium streng kontrollieren. Da der Gorgonzola schnell nachreift, sollten Sie nur kleine Mengen kaufen und ihn in Alufolie im Kühlschrank aufbewahren.

WUSSTEN SIE, DASS
der Gorgonzola bereits in römischer Zeit bekannt war, wo er „stracchino" hieß, von stracco = müde, was sich auf die vom Abstieg von den Alpen in die Poebene völlig erschöpften Rinderherden bezog?

235

Caciocavallo mit Caponata di Melanzane (Auberginen)

Zutaten für zwei Panini
- 4 SCHEIBEN TOSKANABROT
- 80 G FRISCHER CACIOCAVALLO (EMMENTALER)
- EINE HALBE AUBERGINE (KLEIN)
- EIN KLEINER STANGENSELLERIE
- 8 ENTKERNTE OLIVEN (GRÜNE UND SCHWARZE)
- 2 TEELÖFFEL IN ESSIG EINGELEGTE KAPERN
- 6 CHERRYTOMATEN
- EIN VIERTEL VON EINER ZWIEBEL
- OLIVENÖL
- EIN ESSLÖFFEL ROTWEINESSIG
- ZUCKER
- 2 KNOBLAUCHZEHEN
- FRISCHER OREGANO UND BASILIKUM
- SCHWARZER PFEFFER
- SALZ

WUSSTEN SIE, DASS dieses süßsaure Auberginengemüse ein bekanntes sizilianisches Gericht ist? Caponata scheint sich von „caupona" herzuleiten, einer Osteria, in der es stets frisches Gemüse gab; es könnte aber auch von „cappone di galera" kommen, einem scherzhaften Ausdruck für die Mahlzeit von Galeerensklaven.

Die Auberginen erst in Streifen schneiden und dann würfeln, in ein Sieb geben, salzen und den bitteren Saft abtropfen lassen. ◆ Den Sellerie in Scheibchen schneiden, die Oliven und Kapern kleinhacken, die Tomaten in Stücke schneiden und in eine Pfanne mit etwas Öl und der Knoblauchzehe geben. ◆ Das Ganze vermischen, den Knoblauch herausnehmen, die Auberginenwürfel, die Zwiebel, einen knappen Teelöffel Zucker und den Essig hineingeben und alles gut vermischen. ◆ Mit Salz und Pfeffer abschmecken und 10 Minuten lang bei geschlossenem Deckel dünsten. Zuletzt die frischen Kräuter zerkleinert hineinstreuen. ◆ In der Zwischenzeit das Brot von beiden Seiten aufwärmen und mit der noch übrigen Knoblauchzehe einreiben. ◆ Zum Schluß jeweils eine Scheibe mit dem dünn geschnittenen Caciocavallo belegen und das Gemüse darauf gleichmäßig verteilen. Mit der anderen Scheibe jeweils zudecken.

✪ CACIOCAVALLO

Die Birnenform ist das weithin sichtbare Markenzeichen dieses Hartkäses mit dem mild-pikanten
Geschmack, der entlang der Apenninen zwischen
Kalabrien, Basilicata, Molise, Kampanien und Apulien produziert wird. Über seinen Namen – wörtlich
„Pferdekäse" – ist viel gerätselt worden, da er doch
aus Kuhmilch gewonnen wird. Der Caciocavallo wird
in kleinen Handwerksbetrieben hergestellt. Die ge-
ronnene Milch gilt als reif, wenn sie eine elastische
Konsistenz erreicht hat; die Masse wird dann in
zylindrischen Formen abgeteilt, die an ihren Enden
mit kochendem Wasser versiegelt werden. Den Caciocavallo gibt es frisch (mild), reif (pikant) und
auch geräuchert.

andere Brotsorten
Bauernbrot, Ciabatta,
arabisches Fladenbrot

Variante
Scamorza, Provola
oder Provolone anstelle
von Caciocavallo

Getränke
sizilianischer Rotwein:
Corvo, Regaleali,
Cerasuolo

Gebackener Grana Padano mit Gorgonzolacreme

Die Möhre in kleine Stäbchen schneiden, die Walnußkerne zerhacken, die Spinatblätter kleinschneiden und beiseite stellen. ◆ In einer Schüssel den Gorgonzola mit einer Gabel cremig zerdrücken, nacheinander den Mascarpone, den Spinat, die Nüsse und die Möhre hineingeben, das Ganze gründlich vermischen und ruhen lassen. ◆ In der Zwischenzeit eine Backform nehmen, mit Alu-

folie auslegen, 3 Häufchen Grana Padano in einiger Entfernung voneinander darauf verteilen und mit einem Löffel flach drücken. ◆ Das Backblech in den heißen Ofen schieben; die Käsemedaillons herausnehmen, sobald sie eine braune Kruste zeigen. Wieder abkühlen lassen. ◆ Eine Brotscheibe mit der Gorgonzolacreme bestreichen und darauf die Käseplätzchen verteilen. ◆ Zum Schluß das Panino mit der anderen Brotscheibe abdecken.

andere Brotsorten
Roggenbrot, Getreide-mischbrot, Bauernbrot

Variante
Für die Käsemedaillons können Sie jeden anderen Käse mit körniger Masse verwenden, neben Parmesan auch Montasio oder Sbrinz

Getränke
junger Rotwein: Novello, Chianti, Sangiovese Bier: Strong Ale

✪ GRANA PADANO

Von den Alpen bis nach Mittelitalien erstreckt sich das Gebiet, auf dem seit jeher die großen zylindrischen Formen dieses langgereiften Hartkäses mit der körnigen Masse hergestellt wird. Allein im Ursprungsgebiet, der Po-ebene, konkurrieren nach Auskunft des Konsortiums zum Schutz der Herkunftsbezeichnung 27 Provinzen um die Gunst der Konsumenten. Und jede Gegend gibt dem Käse ihre besondere Note: in Brescia etwa tendiert der Geschmack zum würzig-alpenländischen, die Form ist leicht gelöchert und die Masse goldgelb vom Safran. Der lombardische Grana hat eine feuchtere Masse, der Piacentiner einen delikateren Geschmack. Es gibt auch einen Südtiroler Grana, dem das Futter der Hochlandweiden ein besonders intensives Aroma verleiht.

Schmelzkäse
mit Pilz- und Trüffelpastete

Zutaten

- EIN BAGUETTEBRÖTCHEN
- 70 G FONTINA
- 2 ESSLÖFFEL MILCH
- EIN ESSLÖFFEL SAHNE
- GRAPPA
- 2 ESSLÖFFEL PILZPASTE
- EINE ESSLÖFFEL TRÜFFELBUTTER
- EINE KLEINE EINGELEGTE SCHWARZE TRÜFFEL
- EIN STEINPILZ IN ÖL
- EIN HALBER TEELÖFFEL GEHACKTE PETERSILIE
- PFEFFER
- SALZ

Das Brot halbieren, auf der Innenseite leicht anwärmen und warmhalten. ◆ Den Fontina erst in Scheiben und dann in kleine Würfel schneiden und in einem Topf auf kleiner Flamme zum Schmelzen bringen. ◆ Sobald die Würfel anfangen zu schmelzen, die Milch und die Sahne dazu geben und verrühren, dann ein paar Tropfen Grappa untermischen und unter stän-

I-TÜPFELCHEN
Sie können das Fondue noch verfeinern, indem Sie, kurz bevor Sie den Herd ausschalten, ein Eigelb hinzugeben und sofort unterrühren.

✪ FONTINA UND „FONDUE"

Das „Fondue"-Rezept aus Piemont, das wir hier vorschlagen, verdankt seine Beliebtheit dem Fontina, einem halbfesten Schnittkäse mit einem kräftig milden Geschmack, der typisch für das Aostatal und insbesondere für die Gebiete von Valtournanche, Champoluc und Aosta ist. Dem Reglement des zuständigen Konsortiums zufolge wird er aus der Rohmilch von Kühen, die auf dem Hochland weiden, gewonnen, was ihm seinen unverwechselbaren Geschmack verleiht. Der Laib ist zylindrisch und breit, das Gelb seiner Masse leuchtet im Sommer intensiver. An der Rinde kann man seine Lagerung (im allgemeinen 3-8 Monate) ablesen: hellbraun zeigt einen jungen, dunkelbraun einen reifen Fontina an. Für das Fondue sollte man den reiferen verwenden.

digem Rühren weiter köcheln, bis eine ziemlich dickflüssige Creme entsteht. ◆ Die Trüffel kleinschneiden und unter die Creme mischen. ◆ Das noch warme Brot aus dem Ofen nehmen, die untere Hälfte mit der Trüffelbutter bestreichen, darauf das Käsefondue gleichmäßig verteilen. ◆ Nun das Ganze mit dem kleingeschnittenen Steinpilz garnieren und mit der Petersilie bestreuen ◆ Zum Schluß die obere Hälfte des Brötchens mit der Pilzpaste bestreichen und aufsetzen.

andere Brotsorten
Landbrot, Ciabatta, arabisches Fladenbrot

Variante
Montasio oder Raclette anstelle des Fontina

Getränke
süffiger Rotwein: Dolcetto und Barbera d'Alba, Freisa

Schmelzkäse mit Kräutern

Zutaten
- 2 SCHEIBEN LANDBROT
- 60 G JUNGER PROVOLONE PADANO
- FRISCHER THYMIAN
- FRISCHER OREGANO
- 2 RUCOLA-BLÄTTER
- OLIVENÖL (KALTGEPRESST)
- EIN ESSLÖFFEL BUTTER
- SCHWARZER PFEFFER

Die Rinde des Provolone entfernen und ihn in dünne Scheibchen schneiden. ◆ Eine der beiden Brotscheiben gleichmäßig mit der Butter bestreichen, mit dem Käse belegen und für kurze Zeit auf einem mit Alufolie ausgelegten Backblech in den gut vorgeheizten Backofen schieben, bis der Käse zu schmelzen beginnt. ◆ Anschließend Thymian und Oregano gleichmäßig auf dem Käsebrot verteilen, mit zwei Teelöffeln Öl beträufeln und mit reichlich Pfeffer bestreuen. ◆ Zum Schluß das Ganze mit den Rucolablättern garnieren und das Panino mit der zweiten Brotscheibe zudecken.

✪ PROVOLONE

Obwohl es Kuhmilchkäse mit der elastischen Masse und dem Geschmack des Provolone nachweislich bereits seit der Renaissance in Süditalien gibt, führt das Landwirtschaftslexikon von Cavenazzi den Namen 1871 ausdrücklich in Verbindung mit der Poebene ein. Dieser Transfer ist leicht erklärt: Gegen Mitte des 19. Jahrhunderts begannen die süditalienischen Käser in den an Viehbeständen reichen Norden zu emigrieren und dort neue Käsereien aufzubauen. Heute wird der Provolone unter Aufsicht eines Konsortiums in einigen Provinzen der Lombardei, der Emilia Romagna und Venetiens produziert. Jeder Käselaib wird handgeformt, daher die oft kuriosen Gestalten, die ebensolche Namen – Salami, Mandarine, Pancetta – tragen, und die unterschiedlichen Größen, die zwischen einem Pfund und zehn Kilo schwer sein können. Die Rillen in den Formen stammen von den Bändern, an denen der frische Provolone zum Reifen aufgehängt wird. Die Masse unter der mit Paraffin gehärteten Rinde ist gelb und sehr schmackhaft.

andere Brotsorten
*Baguette,
Getreidemischbrot*

Variante
*Caciocavallo oder
Gruyère anstelle von
Provolone*

Getränke
*junger Rotwein: Rosso
dei Colli Euganei,
Rosso delle Colline
Lucchesi; Barbera,
Merlot.*

ANHANG

Kalorientabelle

Hilfreiche Adressen

Verzeichnis der Panini

Verzeichnis der Zutaten

Literaturtips

Kalorientabelle

Heutzutage ist es eine Selbstverständlichkeit, über den Kalorienwert verschiedener Nahrungsmittel Bescheid zu wissen. Der durchschnittliche Kalorienbedarf einer Person ist abhängig von ihrem Alter, ihrem Geschlecht sowie der Art der körperlichen Tätigkeit, die ausgeübt wird, und setzt zudem eine ausgewogene Ernährung voraus. In dieser Kalorientabelle sind die Lebensmittel aufgeführt, die in den Rezepten am häufigsten verwendet werden.

KALORIENWERTE PRO 100 G.

BROT	
Vollkornbrot	242
Brötchen	269
Milchbrot	295
Ölbrot	299
Weißbrot	289

SCHINKEN UND SALAMI	
Bauchspeck	337
Bauchspeck (mager)	315
Bresaola	151
Brianza Salami	384
Coppa	398
deutsche Bratwurst	270
Fabriano-Salami	420
Felino-Salami	375
italienische Bratwurst	304
Kochschinken	215
Kochschinken (mager)	132
Mailänder-Salami	392
Mortadella	388
Parmaschinken	268
Parmaschinken (mager)	145
S.-Daniele-Schinken (mager)	136
San-Daniele-Schinken	320
Speck	303
ungarische Salami	405

FLEISCH	
Brathähnchen	246
Cheeseburger	255
Hamburger	242
Hühnerbrust	129
Putenbraten (Keule)	131
Rinderfilet	127
Schwanzrolle vom Rind	103

GEMÜSE	
Artischocken	92
Auberginen	18
Champignons	20
eingelegte Oliven	268
grüne Bohnen, gekocht	25
Gurke	14
Kichererbsen in Dosen	112
Knollensellerie	23
Paprika	22
roter Radicchio	13
Radieschen	11
dicke Bohnen	41
schwarzer Trüffel	31
Sojasprossen	49
Spargel	24
Tomaten (reif)	19

EIER UND MILCHPRODUKTE

Brie	319
Büffelmozzarella	288
Caciocavallo	431
Camembert	297
Cheddar	381
Crescenza	281
Emmentaler	403
Frischkäse	309
cremiger streichfähiger	
Frischkäse	310
cremiger streichfähiger	
Frischkäse (light)	179
Feta	250
Fontina	343
Gorgonzola	320
Grana Padano	406
griechischer Joghurt	115
Gruyère	389
Hühnerei	128
Magermilchjoghurt	36
Mascarpone	453
Mozzarella	253
Naturjoghurt	65
Parmesan	387
Pecorino	392
Provolone	366
Ricotta (Kuhmilch)	146
Ricotta (Schafsmilch)	157
Robiola	338
Scamorza	334
sizilianischer Pecorino	418
Stracchino	300
Taleggio	312

PASTETEN

Hühnerpastete	280
Leberpastete	341
Schinkenpastete	358

MEERESPRODUKTE

geräucherter Hering	194
Kaviar	255
tiefgefrorene Krabben	74
Krebs in Dosen	81
eingelegter Lachs	188
frischer Lachs	182
geräucherter Lachs	142
eingelegte Makrele	177
Sardellen in Öl	cal. 206
Sardellen in Salz	128
Thunfisch im eigenen Saft	103
Thunfisch in Öl	191

ÖL, SAUCEN, GETRÄNKE

ein Eßlöffel Butter (10 g)	76
ein Eßlöffel Ketchup (10 g)	10
ein Eßlöffel Margarine (10 g)	72
ein Eßlöffel Mayonnaise (10 g)	76
ein Eßlöffel Öl (Sonnenblumen/Oliven, 10 g)	92
ein Glas Wein (1,5 dl)	90
ein Glas helles Bier (2 dl)	68
ein Glas Limonade/Cola (2 dl)	76

Hilfreiche Adressen
für Interessierte

KONSORTIEN UND EIN-RICHTUNGEN ZUM SCHUTZ TYPISCHER PRODUKTE

Zu den Aufgaben italienischer Lebensmittelkonsortien gehört nicht nur der Schutz typischer Produkte vor einheimischen und ausländischen Imitationen, sondern auch, über diese Erzeugnisse zu informieren. Vieles, was wir in diesem Buch an Produktinformationen weitergeben, verdanken wird dem reichhaltigen Material, das uns von den verschiedenen Vereinigungen zur Verfügung gestellt wurde. Für alle, die mehr über die einzelnen Produkte erfahren möchten, haben wir die einschlägigen Adressen im Folgenden aufgelistet.

Associazione formaggi italiani doc
Via dei Gigli d'oro 21, 00186 Rom;
Corso di Porta Romana 2, I-20122 Mailand

Consorzio per la tutela del formaggio asiago
Corso Fogazzaro 18, I-36100 Vicenza, Tel. 0444/321758

Consorzio per la tutela del formaggio caciocavallo silano
Via degli Stadi 90, I-87100 Cosenza, Tel. 0984/393007

Consorzio per la tutela del formaggio gorgonzola
Via Azario 3, I-28100 Novara, Tel. 0321/626613

Consorzio per la tutela del formaggio grana padano
Via XXIV giugno 8, I-25015 San Martino della Battaglia (BS), Tel. 030/9910486

Consorzio per la tutela del formaggio montasio
S.S. Napoleonica 152, I-33030 Rivolto
di Codroipo (UD) Tel. 0432/40069

Consorzio per la tutela del formaggio parmigiano reggiano
Via Kennedy 18, I-42100 ReggioEmilia, Tel. 0522/307741

Consorzio per la tutela del formaggio pecorino romano
Corso Umberto I 226, I-08015 Macomer (NU),
Tel. 0785/70537

Consorzio per la tutela del formaggio pecorino toscano
Via Cairoli 10, I-58100 Grosseto, Tel. 0564/20038

Consorzio per la tutela del formaggio provolone
Piazza Marconi 3, I-26100 Cremona, Tel. 0372/30598

Consorzio per la tutela del formaggio mozzarella di bufala campana
Via Nazario Sauro 22, I-81100 Caserta, Tel. 0823/444674

Consorzio per la tutela del quartirolo lombardo
Viale Molise 62, I-20137 Mailand, Tel. 02/5511389

Consorzio per la tutela del formaggio taleggio
Viale Molise 62, I-20137 Mailand, Tel. 02/55188563

Consorzio produttori fontina
Piazza Arco d'Augusto 10, I-11100 Aosta, Tel. 0165/44091

Istituto per la valorizzazione dei salumi italiani
Strada 4, Palazzo Q8 Milanofiori, I-20089 Rozzano (MI)
Tel. 02/57510257

Consorzio del prosciutto di Parma
Via Marco Dell'Arpa 8/B, I-43100 Parma, Tel. 0521/243987

Consorzio del prosciutto di San Daniele
Via Andreuzzi 8, I-33038 San Daniele del Friuli (UD)
Tel. 0432/957515

Consorzio dello speck dell'Alto Adige
Via Renon 33/A, I-Bolzano, Tel. 0471/300381

CONSORZIO PROSCIUTTO VENETO

Consorzio prosciutto veneto Berico Euganeo
Via Matteotti, I-35044 Montagnana (PD), Tel. 0429/82964

Consorzio salumi tipici piacentini
Piazza Cavalli 35, I-29100 Piacenza, Tel. 0523/3861

**Consorzio tra i produttori dell'aceto balsamico
tradizionale di Modena**
Corso Cavour 60, I-41100 Modena, Tel. 059/242565

Consorzio radicchio di Treviso
Via Scandolara 80, I-31059 Zero Branco (TV), Tel.
0422/488087

Pomodoro di Piacenza
Via Garibaldi 50, I-29100 Piacenza, Tel. 0523/325377

BÄCKERVEREINIGUNGEN

In diesem Buch haben wir zahlreiche Brote vorgestellt, sowohl regionaltypische als auch Fantasiekreationen und zum Teil haben wir auch die Backrezepte mitgeliefert. Alle passionierten oder professionellen Bäcker seien darüber hinaus an die wichtigsten Berufsverbände der italienischen Brotbäckerszunft verwiesen, die an vielen Orten Kurse, Vorträge und öffentliche Vorführungen veranstalten.

Associazione panificatori
(Bäckerverein)
Corso Venezia, 49
I-20121 Mailand,
Tel. 02/7750264

Federazione panificatori
(Bäckerbund)
Via Alessandria, 159
I-00100 Roma,
Tel. 06/8547261

GESCHMACKSSCHULUNG

Wenn Panini für Sie inzwischen mehr sind als schnell zubereitete nahrhafte Lebensmittel und Sie Ihren feinen Gaumen mit entsprechenden Kursen und Kostproben weiterbilden möchten, können Sie sich an folgende Adressen wenden, wo man Sie gern über Veranstaltungen auf regionaler oder kommunaler Ebene informiert.

Centro studi e formazione assaggiatori
(Käse und Olivenöl)
Via delle Tofane, 14
I-25128 Brescia,
Tel. 030/397308   Fax 030/300328

Arcigola slowfood
Via Mendicità Istruita, 14
I-12042 Bra (CU),
Tel. 0172/419623

Verzeichnis der Panini

✱ *Mittagessen*   ❖ *Zwischenmahlzeit*   ▲ *Buffet*   ✪ *Brunch*   ◆ *Nachtimbiß*

Asiago mit Gemüse ✱▲◆ 232

Bauchspeck
  mit Sprossensalat ✱❖◆ 84

Bauchspeckröllchen
  mit kleinem Salat ▲✪◆ 82

Bresaola
  mit Gorgonzola-Creme ✱❖◆ 60

Bresaola
  mit Palmenherzcreme ✱❖◆ 62

Brianza-Salami
  mit geräucherter Provola ✱❖ 106

Büffelmozzarella
  mit Tomaten ✱▲◆ 220

Cacciatore-Salami mit Pestocreme
  und Granatapfel ✱▲ 102

Caciocavallo mit
  Auberginengemüse ✱❖◆ 236

Carpaccio
  mit Cipriani-Sauce ✱◆ 118

Coppa mit Paprikagemüse
  und Thunfischbutter ✱❖ 78

Coppa mit Schmelzkäse
  und Selleriesauce ✱◆ 80

Crescenza mit Oliventatar
  und Kapern ✱❖ 222

Culatello mit Gruyère
  und süßsaurer Sauce ✱❖◆ 52

Culatello mit Schinkenpastete
  und Knoblauchbutter ✱❖◆ 54

Culatello-Schinken
  mit Kaperncreme ✱❖◆ 56

Fabriano-Salami
  mit Pestocreme ✱❖ 100

Falafel
  mit dicken Bohnen ✱❖◆ 204

Filetto baciato

  mit süßem Gorgonzola ✱❖◆ 108

Formagella
  mit Kürbisblütensalat ✱▲◆ 228

Frikadelle mit kleinem
  Mittelmeersalat ✱❖◆ 124

Gänseschinken
  mit grüner Sauce ✱❖ 50

Gebackener Grana Padano
  mit Gorgonzolacreme ✱▲ 238

Gebratenes Putenfleisch
  mit Artischocken ✱❖◆ 142

Gefüllte Sardinen
  nach sizilianischer Art ✱▲ 160

Gefülltes Baguette ❖▲✪ 94

Gegrillte Salsiccia
  mit Kapernmarinade ✱ 150

Gekochter Schinken
  mit Lachscreme ✱❖▲◆ 72

Gekochter Schinken
  und Artischockencreme ✱❖◆ 70

Gepökeltes Zwiebelfleisch
  in Cocktailsauce ✱❖ 64

Geräucherte Forelle
  mit Meerrettichcreme ✱❖▲ 164

Geräucherter Bauchspeck
  mit Cheddar ✱✪ 86

Geräucherter Lachs mit Kräuterbutter und Pfeffer ✱▲✪◆ 176

Geräucherter Schwertfisch mit
  Zitrusfrüchten ✱▲◆ 168

Geräucherter Stör
  mit Silberzwiebeln ✱❖◆ 172

Geräucherter Stör
  mit Tomatenmarinade ✱▲◆ 170

Geräucherter Thunfisch mit
  süßsaurem Radicchio ✱▲◆ 156

Geräuchertes Heringsfilet
  mit Kräuterbutter ✳❖ 158
Gorgonzolacreme
  mit Chicoree ✳◆ 234
Grüner Ricotta mit grünen Bohnen
  und Artischocken ✳▲◆ 226
Hamburger mit geröstetem
  Paprikagemüse ✳◆ 130
Hühnerbrustfilet
  mit Avocadocreme ✳◆ 140
Hühnerfleisch
  in knackigem Salat ✳◆ 138
Kalbsschnittchen mit Senf
  und Orange ✳▲☺◆ 136
Kalbszunge mit grüner
  Thunfischcreme ✳❖ 122
Käse-Carpaccio
  mit Balsamico-Sauce ✳▲◆ 216
Käse-Carpaccio
  mit Currysauce ✳◆ 214
Käseomelett mit
  grüner Creme ✳▲☺◆ 212
Käsewürfel
  mit pikanter Sauce ✳◆ 224
Kaviar mit Eiercreme ▲◆ 174
Krebsfleisch
  mit Avocadocreme ✳◆ 194
Krustentiere mit
  Currymayonnaise ▲◆ 192
Lachshäppchen mit geräuchertem
  Bauchspeck ✳▲ 184
Lachssalat mit
  Mozzarella ✳◆ 182
Lachstatar mit Shrimps ✳▲ 180
Mailänder Salami
  und Kräuterkäse ✳❖ 104
Mailänder Schnitzel mit
  gewürfelten Tomaten ✳◆ 132
Mocetta mit
  Spargelcreme ✳▲◆ 58
Mortadella mit Crescenza
  und Gewürzgurken ✳❖◆ 92

Mortadella mit
  kleinem Omelettsalat ✳❖▲◆ 90
Omelett mit Taleggio,
  Pilzen und Zucchini ✳◆ 210
Paprikaomelett mit
  Champignonpastete ✳◆ 208
Pecorino und Mozzarella mit
  geröstetem Gemüse ✳❖◆ 218
Piacentiner Salami
  mit Mozzarella ✳❖◆ 98
Pikante Paprikasalami
  mit Ricotta ✳❖ 110
Prager Schinken mit Leberpastete
  und Camenbert ✳▲◆ 76
Prager Schinken mit
  mildem Senfaufstrich ✳❖☺◆ 74
Quartirolo mit
  Mittelmeersalat ✳❖◆ 230
Radicchiosalat
  mit Fontina ✳▲◆ 202
Räucherlachsröllchen
  mit Spargel ✳◆ 178
Rindfleischfrikadellen
  mit Sesamsauce ✳▲◆ 126
Roastbeef
  mit Sauce Béarnaise ✳❖◆ 116
Roher Schinken mit Bohnencreme
  und Minze ✳❖ 38
Roher Schinken mit Käse
  und getrüffelte Pilze ▲◆ 42
Roher Schinken und
  Artischockencreme ✳❖ 44
Roher Schinken, Montasio
  und Butter mit Shrimps ✳☺◆ 40
Rohes Fleisch auf
  Piemonteser Art ✳ 134
Schinkenspeck
  mit Apfel-Kohlsalat ✳▲◆ 66
Schinkenspeck mit
  Steinpilzcreme ✳❖▲◆ 68
Schmelzkäse
  mit Kräutern ✳❖◆ 242

Schmelzkäse mit Pilz-
und Trüffelpastete ✳▲◆ 240
Schweinekarree mit
Thunfischsauce ✳❖◆ 148
Schweinsroulade mit
Schinkencreme ✳❖ 128
Schwertfisch mit
Räuchercreme ✳▲◆ 166
Shrimps mit
Kräutercreme ▲◆ 188
Shrimps und Makrele
mit Basilikumcreme ✳❖◆ 190
Shrimpsomelett
mit Krebsfleisch ✳◌ 186
Spanferkel mit
Artischockensalat ✳❖◆ 146
Spanferkel mit
Tatarsauce ✳❖◆ 144

Speck mit Paprikagemüse
und Kapern ✳❖ 88
Tatar aus
geräucherter Forelle ✳▲◆ 162
Tatar mit Sardinenbutter ✳◆ 120
Thunfischsalat
mit Gemüse ✳◆ 154
Tomaten mit
Auberginencreme ✳❖ 200
Toskanische Fenchelsalami ✳❖ 112
Überbackene Auberginen ✳◆ 206
Venusmuscheln mit Ricotta ✳◆ 196
Wildschweinschinken
mit Cocktailsauce ✳❖◆ 48
Wildschweinschinken
mit Meerrettichcreme ❖▲ 46
Würstchen mit Bauchspeck
und Senf ✳◆ 96

Verzeichnis der Zutaten

Arabisches Fladenbrot, 127
Artischockencreme, 45
Asiago, 233
Balsamico-Essig aus Modena 107
Bauchspeck, 82
Bresaola, 61
Brunnenkresse, 181
Büffelmozzarella, 221
Cacciatore-Salami, 103
Caciocavallo, 237
Carpaccio à la Cipriani, 119
Champignoncreme, 69
Coppa, 79

Crescenza, 222
Curry, 189
Fabriano-Salami, 100
Falafel, 205
Fenchelsalami, 113
Filetto baciato, 108
Fondue, 240
Fontina, 240
Formagelle, 229
Frikadellen, 125
Gänseschinken, 50
Gebtratene Pute, 143
Gefüllte Sardinen nach

sizilianischer Art, 160
Gekochter Schinken, 71
Geräucherte Forelle, 165
Geräucherter Stör, 171
Geräucherter Thunfisch, 157
Gewürzgurken, 93
Gorgonzola, 235
Grana Padano, 239
Grüne Sauce, 51
Grüner Pfeffer, 182
Hamburger, 131
Hering, 159
Hot dog, 97
Kapern, 57
Kartoffelbrot, 73
Kaviar, 175
Kerbel, 185
Knoblauchbutter, 55
Knollensellerie, 81
Kräuter der Provence, 105
Krebse, 195
Mafaldina, 161
Marinierte Auberginen, 111
Mayonnaise, 192
Milanesina, 191
Milchbrötchen, 85
Milde Cocktailsauce, 49
Minze, 157
Mocetta, 59
Montasio, 216
Mortadella, 91
Oliven, 223
Palmenherzen, 63
Panierte Schnitzel, 133
Paprikapulver, 225
Paprikasauce, 163
Paprikaschoten, 209
Pariser, 95
Parmaschinken, 39
Parmesan, 207
Pecorino Romano, 215
Pecorino toscano, 219

Piacentiner Salami, 99
Piemonteser Tatar, 134
Pikante Paprikasalami, 111
Pökelfleisch, 65
Prager Schinken, 75
Provolone aus dem Val Padana, 243
Quartirolo, 230
Radicchio di Treviso, 203
Räucherlachs, 1777
Ricotta, 226
Roter Pfeffer, 39
Salmoriglio, 168
Salsicce, 151
San-Daniele-Schinken, 41
Sauce Béarnaise, 116
Schalotten, 183
Schinkencreme, 129
Schweinskarree, 148
Schwertfisch, 167
Sesam, 204
Shrimps, 186
Silberzwiebeln, 173
Spanferkel, 146
Spargelcreme, 58
Speck aus dem Aosta-Tal, 89
Speck, 67
Spinatcreme, 212
Taleggio, 211
Tatar, 121
Tatarsauce, 145
Thousand-Islands-Sauce, 53
Thunfisch in Öl, 155
Thunfischsauce, 149
Tomaten, 201
Trüffelöl, 43
Venusmuscheln, 196
Wildschweinschinken, 46
Wildspargel, 178
Zaziki, 231
Zunge, 123
Zwiebelbrot, 137

LITERATURTIPS

Marcus Gavius Apicius, Kochbuch der altrömischen Kaiserzeit,
Reprint, Leipzig 1995 (1909).

---, Über die Kochkunst. De re coquinaria, Stuttgart 1991.

Pellegrino Artusi, Von der Wissenschaft des Kochens
und der Kunst des Genießens, München 1998.

Felice Cunsolo, Italien. Eine kulinarische Reise, München 1997.

Andrew Dalby u. Sally Grainger, Essen und Trinken im alten Rom.
Essen und Trinken im alten Griechenland, 2 Bde. Stuttgart 1998.

Die Brotfibel. 140 Brot- und Brötchensorten, Köln 1999.

Eberhard Gorys, Das neue Küchenlexikon, München 1994.

Käse aus Italien. Genuß und Lebensart, München 1999.

Filippo T. Marinetti u. Fillia, Die futuristische Küche, Stuttgart 1983.

Evelyne Poltl-Heinzl u. Christine Schmidjell, Brot. Eine kleine
kulinarische Anthologie, Stuttgart 1998.